吴忠将军口述
——几件大事亲历记

Recount by General Wu Zhong:
My Personal Experiences on Several Important Events

Chen Chusan, Li Dazhen

陈楚三 李大震（整理）

美国华忆出版社
Remembering Publishing, LLC. USA

Copyright © 2021 by Remembering Publishing, LLC. USA
RememPub@gmail.com

Recount by General Wu Zhong:
My Personal Experiences on Several Important Events

Chen Chusan, Li Dazhen

ISBN： 978-1-68560-004-4（Print）
978-1-68560-005-1（Ebook）

吴忠将军口述——几件大事亲历记
陈楚三 李大震 （整理）

出版： 美国华忆出版社
版次： 2021 年 10 月第一版，第一次印刷
字数： 100 千字

美国国会图书馆编目号码 LCCN：2021 920860

All rights reserved.
No part of this book may be reproduced in any form or by any electronic or mechanical means including information storage and retrieval systems, without permission in writing from the publisher. The only exception is by a reviewer, who may quote short excerpts in review.

作品内容受国际知识产权公约保护，版权所有，侵权必究

吴忠将军和陶然、李大震夫妇合影

陶然和李大震

吴忠和李大震

目 录

整理者说明 I

"吴忠有忠"（代序）
——记"文革"中的首都卫戍司令吴忠将军 1

（一）一九七一年的九一三事件 9
　　附录一：9.13事件中的直升机迫降现场　胡世寿 26
　　附录二：林彪1971年5月信稿辨析　余汝信 33

（二）一九七二年尼克松访华 39

（三）一九七六年的天安门事件 44
　　附：对《审查结论》第五稿的申诉意见 75

（四）粉碎四人帮 77

（五）发言风波 85

（六）一九七九年对越自卫反击战 91

（七）对党内斗争的看法 100

（八）杂忆六则 113

吴忠将军简介 130

整理者说明

1986年夏，已经退休的吴忠将军与陶然女士多次长谈。陶然，原名朱东北，是辽沈战役中牺牲的解放军著名将领朱瑞同志的次女。因吴忠系朱瑞同志老部下，所以吴忠与老首长女儿的谈话很敞开，无拘无束。

在谈话中，吴忠回忆了他在文革中和文革后亲身参与的几个重大事件。在回忆林彪外逃事件的处理时，披露了林彪在"9.13"之前写给毛泽东、但最终没有送出的一封信。尼克松访华期间，恰逢北京鹅毛大雪厚达30公分，而第二天尼克松游览八达岭长城和十三陵时，一路上却既没有雪也没有冰，传说是动员沿路群众连夜清扫，吴忠的回忆为此解惑。1976年清明节的天安门事件，吴忠是清场时的现场指挥，邓小平复出后说天安门事件至少死了六人（吴忠为此于1977年9月被调离北京卫戍区，蒙冤十年），吴忠则多次表示：他保证当时没有死一个人。吴忠直接参加了粉碎"四人帮"的行动。1979年，时任广州军区副司令员的吴忠正在积极准备对越自卫反击作战，开战前夕，军委下达了吴忠的免职命令，广州军区为避免临阵换将，请示军委批准后未宣布此命令，吴忠得以在第一线直接参与指挥了对越自卫反击战。吴忠还结合亲身经历，对党内斗争的不正常现象进行了揭露和抨击。

陶然女士将谈话内容做了现场录音。

吴忠与陶然谈话时，陶然的丈夫李大震在场。

吴忠将军于1990年2月因车祸逝世。陶然也于1990年11月辞世；她临终前把吴忠将军谈话的录音带16盒交给我们两人各自保存一套，并嘱在适当时机整理公布。二十年后，我们才按照陶然的遗愿完成了录音整理工作。

我们整理录音时力求保持口述原貌。但磁带有些地方听不清；特别涉及到具体人名、地名时，难免有不准确之处。敬请读者见谅。

我们对吴忠的口述回忆录音整理完成后，希望尽快公诸于世。《炎黄春秋》杂志2012年第一、三、五期，选登了其中三节（九一三事件、1976年天安门事件以及粉碎四人帮），但不知触犯了什么禁忌，在当年杂志受到的十八次警告中，吴忠回忆竟占了四次！

为便于读者了解吴忠所述事件的背景，我们增加了必要的注释。不过，吴忠的口述回忆从录音整理完毕到成书出版，又拖了十年；期间，注释中涉及的人物有些确知已经辞世（如王海蓉、谢静宜都在2017年去世），更多的则不了解现状如何，因此我们对这部分人只注明出生年份或者干脆回避。

录音整理者：陈楚三　李大震
2021年9月

回应：

《炎黄春秋》2012年第三期刊登了吴忠口述中关于1976年天安门事件的大部分（不是全部）内容，同年第六期《炎黄春秋》发表马懋如文章，质疑吴忠所说"与事实并不一致，让人难以理解"。

我们完全同意马文中对1976年天安门事件起因、经过和性质的分析和认定，并无异议。但该文对吴忠的质疑却失之偏颇。

吴忠谈到事件的"诱因"时，首先感到在北京医院太平间与总理遗体告别不够规格，接着提到不让各单位设灵堂悼念的"干涉来自中央""心里不舒服""很不理解""群众很不满意""全国人民都不满意"；吴忠没有明指"四人帮"反对周总理，但却表示对毛主席在周总理病重时没有去看望、在周总理逝世后没有参加遗体告别也没有参加追悼会，反复说"不理解""很不理解""很有想法""心情很复杂",这说明吴忠想得更深、更"复杂",实际上是一种暗示。

吴忠口述中几次提到"劝阻"送花圈,指出这是"中央的精神";吴忠能信口说中央"劝阻"送花圈的精神就是"禁止、镇压、打成'反革命'"吗?当然不能。口述中提到,市委第一书记吴德布置,要天安门广场的值勤战士等人员"劝阻"群众送花圈,吴忠"当场拒绝",表示"只要送到天安门附近,就不能劝阻,只能协助群众把花圈安放好,排列好,保护群众安全,防止外国人搞破坏活动,防止坏人破坏花圈。"

天安门广场的值勤战士很好地执行了吴忠的要求。"纪念碑摆满了,广场摆满了,一直摆到灰观礼台,也摆满了",又"把红观礼台开放。红观礼台也摆满了,不存在群众送来花圈没地方放的情况,群众很满意,在红观礼台上很醒目,很壮观""警卫战士的态度也非常好。"这是符合事实的。马文所说刘湘屏对医科院"问罪",要他们把送到天安门广场的花圈拿回来,这并不能否定值勤战士"协助群众把花圈放好"的事实,和吴忠无关;至于医科院有人在"四五"后被诱捕入狱,更和吴忠要求天安门广场值勤战士"保护群众安全"扯不上关系。吴忠所指,是维护当时天安门广场的秩序,不能出安全事故;吴忠虽然是分管政法系统的市委书记,但他既不能指挥北京市公安局,更指挥不了公安部,他只能对卫戍区警卫部队的行为负责,让他为"四人帮"及谢富治的公安系统镇压群众的罪行承担责任,显然是不公平的。

马文说吴忠"强调天安门事件是'极个别'的'攻击毛主席','是少数人''起哄''胡闹'""是'一伙人闹事','引发'了'冲突'",这一指责毫无根据。吴忠认为,天安门事件是可以避免被定性为"反革命事件"的。他明确指出,"天安门事件最直接最重要的原因就是鲁瑛的条子""把政治局原来已经确定的6日收花圈提前两天,这是造成天安门事件的直接原因。""如果花圈允许放到六号,六号晚上收花圈,冲突就不会有;冲突不会有,烧房烧汽车的情况就不会出现；不出现，哪来的天安门事件呢？"

吴忠的假设不见得能成立，但确有极个别人攻击毛主席，也确有极少数人在天安门广场砸汽车、烧汽车、烧自行车，并进而烧楼、抢楼内东西甚至武器，尽管人不多（二十多人），性质确属犯罪；这一事实成了"四人帮"诬陷邓小平、诬蔑广大群众悼念周总理活动的借口，也是促使毛主席说"又打、又砸、又烧，性质变了"的理由。至于吴忠，认为天安门事件"是个大笑话""真正像样的反革命，没有"，仅从他在当时那样险恶的政治环境下，竟斗胆把政治局决定的清场时间擅自推迟两个半小时，就足以表明他对事件定性的态度了。

2015 年 9 月

（本书出版时略有修改）

"吴忠有忠"（代序）

——记"文革"中的首都卫戍司令吴忠将军

李英　维赛

1990年2月26日，吴忠将军在海南因车祸不幸逝世，卒年六十九岁。虽然他十年前已从广州军区副司令员岗位上离休，但身体一直很健康，精力充沛，思维敏捷。吴忠将军意外地过早辞世，使了解他的老首长、老战友、老部下都痛惜不已。

差堪欣慰的是，吴忠将军的悬案经过历时十年的审查，终于在他有生之年作了结论。1987年6月30日中央军委批准的北京军区党委《关于吴忠同志问题的审查结论》明确指出："吴忠同志一九七一年三月至一九七七年九月，在任北京卫戍区司令员、北京市委书记（分管政法）期间，没有参与林彪、四人帮篡党夺权的阴谋活动。"他去世后，经总政治部审定的《吴忠同志生平》中又写道：吴忠同志"在一九七一年和一九七六年粉碎林彪、四人帮反党集团的斗争中，坚决执行中央的决定，做了许多有益的工作，体现了一个共产党员应有的觉悟。"

毛主席确实说过"吴忠有忠"，但有关传言多有不实

吴忠是在1968年5月由某军军长升任沈阳军区参谋长到职前奉调进京的。先任北京卫戍区第一副司令员，不久晋升司令员。在首都，他的职务不算高，但岗位重要，责任重大，又赶上"史无前例"的动乱岁月，处在政治斗争的漩涡中心，故而能引起较大范围的瞩目，有

关他的传言也比较多。特别是毛主席说过的"吴忠有忠",居然有多种"版本"。1995年出版的一本《共和国演义》如是表述:1976年在天安门前悼念周总理、声讨"四人帮"的革命群众运动被镇压后,王洪文向毛泽东进言:"吴德和吴忠起了重要作用。"毛笑着说,"北京有二吴,吴德有德,吴忠有忠。"这本书的序言宣称:"全书的绝大部分主要情节完全取自可靠的公开的史料,只在一些次要情节上有虚构,这些虚构的次要情节也是有可靠的史料作依托的,符合书中人物的身份、思想和当时的环境。"

毛主席的确讲过"吴忠有忠",但"当时的环境"并非《共和国演义》所云,仅在时间上就相差五年之久。真实情况是:1971年庐山会议后,毛主席到南方各地视察,途中察觉到林彪一伙的反革命政变阴谋,当机立断,急返北京。9月12日下午,毛主席回到丰台,在专列上紧急召见北京军区和北京市主要负责人,吴忠是应召在场的四位负责人之一。毛主席讲到庐山会议一些人搞阴谋,五个常委隐瞒三个。这时,吴忠说:"主席,可能有坏人吧!?"毛主席看着吴忠点点头说:"你讲得对,吴忠有忠。"事实如此,当时在场的人大都还健在。如果说毛主席讲"吴忠有忠"是一个可以虚构的"次要情节",不知《共和国演义》的作者进行虚构时,究竟有哪些"可靠的史料作依托?"

吴忠因何堪称"有忠",毛主席没作过具体说明。人们对此有许多议论。有人说,毛主席历来讲话诙谐、风趣、洒脱,讲这句话也是脱口而出,未必有什么深意;有人说,毛主席到南方视察,一路上向沿途的党政军领导打招呼,引导他们看穿林彪一伙的阴谋,讲这句话是对吴忠的政治敏感表示赞赏和褒奖;有人说,毛主席感到"山雨欲来",一场关系党和国家生死存亡的斗争迫在眉睫,首都卫戍司令身居要害部门的关键岗位,讲这句话是对吴忠的争取和托付……

与吴忠一起战斗和工作过的同志则更愿意相信,毛主席讲这句话是出于对吴忠的了解和信任。吴忠1933年十二岁时参加中国工农红军,同年秋加入中国共产主义青年团,1935年转入中国共产党。

小小年纪就参加了万源保卫战和嘉陵江战役，又在长征中三过草地，历尽艰辛而毫不动摇。他数十年的战斗生涯富有传奇色彩，因英勇善战而屡受上级领导褒奖。抗日战争时期，吴忠带领部队深入敌后开展游击战，打了许多漂亮仗。特别是担任昆张支队长期间，以灵活机动的战术不断重创日伪军，为保卫冀鲁豫边区中心区起了重要作用。解放战争时期，吴忠率部转战千里，从冀鲁豫一直打到大西南。在巨野战役中，时任团长的吴忠亲自率领约两个连的兵力突入敌军王牌部队一个加强团据守的章缝集，在与上级失去联系、被敌人重重包围、部队伤亡很大、自己身负重伤的情况下，指挥分属三个团的数百名勇士坚守阵地一天一夜，配合主力内外夹击，歼敌整编十一师三十二团三千余人。1947年底，吴忠奉命率部护送刘伯承等中原野战军及中原局领导同志和机关，自大别山北渡淮河，乘敌之隙，隐蔽开进，胜利完成了任务。在淮海战役中，吴忠率领第二十旅飞舟堵黄维，参加阻击和围歼黄维兵团的战斗，连战连捷。1949年吴忠任师长，先后率部参加渡江战役、衡宝战役和解放大西南的一系列战斗，战绩卓著。1950年执行进藏任务时，吴忠奉命率先遣部队首先抵达康北重镇甘孜，一举歼灭反动藏军五千七百余人，为和平解放西藏铺平了道路。1951年7月吴忠从军事学院毕业后即赴朝作战，任中国人民志愿军第十二军三十一师师长。在上甘岭战役中，他率部浴血奋战二十五个昼夜，出色地完成了战斗任务。

在战争年代，吴忠出生入死，七次负伤，从普通士兵成长为高级指挥员。朝鲜停战回国后，出任我军新建的第一机械化师师长，1955年被授予少将军衔。时年三十四岁。

毛主席身为我军最高统帅，麾下战将如云，对吴忠究竟了解到何种程度，恐怕史学家也难作精确的考证。其他关于"吴忠有忠"出言之根由的种种议论，也都是猜测成分居多。但是，有一个不争的事实：吴忠本人对毛主席说的"吴忠有忠"，当时并不在意，过后绝口不提。只是粉碎了林彪集团篡党夺权的阴谋、毛主席讲"吴忠有忠"一说传开之后，他才结合回忆斗争过程，以此说佐证党中央和毛主席对北京卫戍区及其领导人是极为关注的，意在教育所属部队官兵认清自身非同一般的使命，更加自觉地恪尽职守。

在关键时刻吴忠是一颗举足轻重的"棋子"

《共和国演义》说，"吴忠有忠"传到民间就变成了"吴忠无忠"。吴忠将军不在了，死者不能与生者对话。即便他在世时，也从来没有就这个话题为个人争辩过什么。他倒曾对儿女们说过："一个人的历史是自己用行动写成的。不在乎谁说了你什么，要在乎你做了些什么。"可见吴忠对毛主席说的"吴忠有忠"有清醒的认识和正确的态度。

吴忠究竟"有忠"还是"无忠"？不在人言，而在己行。组织上所作的结论和评价，当然也主要是根据他在重大关键时刻的行动取向、所作所为和实际产生的效果。

1971年9月12日深夜，"副统帅"林彪带着老婆、儿子，从山海关军用机场爬上私调的飞机出逃叛国；同时还有一架直升飞机由京郊沙河机场起飞，航向也是林彪座机飞去的蒙古人民共和国。事件突发，形势严峻，周恩来总理亲自坐镇人民大会堂，连夜召集有关方面领导同志传达党中央、毛主席的指示，进行应急部署，吴忠也在其中。周总理指定吴忠等人负责执行北京地区紧急战备戒严令。吴忠在贯彻落实周总理的指示中，许多时候要亲临一线直接指挥和处置。13日凌晨，北京附近各机场奉命封闭。吴忠命令进驻机场的戒严部队：真枪实弹对准跑道并设置障碍物，如有飞机强行起飞，立即开枪开炮；将所有飞机上的油料全部抽出来，加派岗哨看好油库。由于考虑严密，部署周到，确保万无一失，周总理听了汇报后十分满意。13日当天，林彪一伙在北京的五处秘密据点被查封。吴忠到每个点上指导执行任务的卫戍区干部细致检查，查获了许多重要罪证。为了加强北京地区战备力量，中央命令隶属关系不同的十个师由北京卫戍区统一指挥。遇到这样严重复杂的局面，指挥多达十个师的部队，准备对付可能内外勾结来颠覆我社会主义祖国的敌人,这对吴忠来说,是带兵以来第一次。但他临危受命,义无反顾,沉着果断,指挥若定。吴忠率先提出了南口、首都机场、保定以北等重点防御地区和防空降、防机降、防机械化集群突袭等作战方式。这一备战方案报中央批准后,吴忠主持各师主官以上干部参加的作战会议,作了传达布置。

从沙河机场起飞的直升飞机迫降在怀柔县境内,被卫戍区派出的搜寻部队和当地民兵包围。吴忠接到从现场打来的电话,遵照周总理在人民大会堂当面交待的"严密搜寻,人机并获,将情况直接报告中央"的应急措施,向现场指挥干部下令:"严密封锁机降地域,保护好现场,将俘获人员和机上物品立即押送卫戍区,要保证路上绝对安全。"部队搜获的机上物品,经吴忠等亲自动手清点后,迅即上报毛主席和周总理。劫持直升飞机外逃的林彪死党周宇驰畏罪自杀,自杀前撕毁了一些信件。在现场找到的零星碎片一点一点拼起来看,有林彪亲笔反革命政变手令"盼照立果、宇驰传达的命令办"和林彪集团"小舰队"人员名单等重要罪证。其中一封林彪给黄永胜的亲笔信,"胜"字只剩"生"旁,缺"月"旁。吴忠知道事关重大,指示某团团长张前进"务必找到"。张团长带一个班到现场又找了两个多小时,终于在小雨后泥泞的地上找到了这片比小指盖还小的碎纸。此前,周总理在人大会堂曾将这封信给黄永胜看,希望他能悔悟。黄永胜和吴法宪都假装糊涂,说没听说过空军有叫"黄永生"的人。后来找到"月"旁,周总理又一次给黄永胜看,黄即瘫坐在沙发上。被捉获的林彪死党李伟信是直升飞机上重要的活口,吴忠连夜对李进行审讯,李供出"五七一工程纪要"。这都对彻底粉碎林彪反党集团起了重要作用。

在粉碎"四人帮"反党集团的斗争中,吴忠同样是党中央运筹的"大棋局"中一颗举足轻重的"棋子"。逮捕王、张、江、姚及其余党并对他们隔离审查、严加看管,控制通讯社、报社和广播电台、电视台等被"四人帮"把持的新闻媒体,护卫党中央和其他党政枢纽部位,稳定首都局势和社会秩序,许多环环相扣的重大举措,都需要动用中央警卫团和北京卫戍区部队。在当时极为复杂紧急的情势下，担负如此重任的部队必须绝对可靠，坚决听从中央的调动和指挥，行动中不出任何纰漏和闪失。要做到这个程度，关键在于主官。当时的中央领导人充分考虑到这一点，对包括吴忠在内的京畿地区掌兵人慎重衡量并寄予厚望。华国锋找吴忠谈话，吴对华保证卫戍区绝对可靠。当时叶帅被迫"半靠边"，在西山养病。吴忠到西山检查警卫工作时，叶帅主动与他接触，言谈中格外注意吴忠对"四人帮"的态度。国庆节前夕，叶帅又特意叫苏振华约吴忠到密云水库"玩玩"。苏振华在晋冀鲁豫野战军任纵队政委时，吴忠任旅长，是吴忠的老领导，"文革"中挨整"靠边"。吴忠调京后，不避嫌疑，常去看望，两人无话不谈。这次见面时，吴忠对苏振华说："请您转告叶帅，卫戍部队绝对听从党中央和中央军委的指挥。"叶帅找老同志运筹中还有一点不放心：张春桥有个在报社工作的弟弟常去京郊某坦克部队活动，万一该部有人被蛊惑，坦克进城怎么办？研究这个问题时，吴忠回答："这个部队大门口就驻有警卫师的坦克团。卫戍区的坦克比他们只多不少，加上反坦克火炮，足以保证首都的绝对安全。"不久，当时主持军委日常工作的陈锡联电话通知吴忠到他的住处，当面交代遵照中央安排，动用卫戍部队参与解决"四人帮"的行动。吴忠对"四人帮"的倒行逆施早已愤懑在胸，他当即明确表态，更使中央坚定了早日解决"四人帮"的决心。

坚决抵制林彪、江青一伙的驱使利用

毋庸置疑，中国人民解放军言忠尽忠，只能是忠于党，忠于祖国和人民。在这个意义上的"有忠"，集中体现在一切行动听从党中央、中央军委的指挥。吴忠过去带兵打仗，党指向哪里就打到哪里。而在"史无前例"的动乱岁月，面临的情况与战争年代有很大的不同。"文化大革命"发动者的失误为奸佞所乘，林彪、江青之流窃据中枢要职，把持了党和国家乃至军队的相当一部分权力。在这样的非常时期,首都卫戍部队要做到不被野心家、阴谋家驱使利用,这对于卫戍区司令吴忠将军来说,无疑是空前严峻的考验。

吴忠一向以"不混官做,不混饭吃"自律自勉,做事说话皆出自公心,从不为私曲意逢迎,苟合谬误。林彪、陈伯达在庐山会议上搞阴谋,鼓吹"天才论",指使党羽四处串联,拉人入伙为他们张目。北京组的聂元梓找到了吴忠,蛊惑说"有人反对毛主席",吴忠当即表示不愿同她谈论这样的问题,把她顶了回去,随即按组织系统将此情况报知中央。周总理针对这一严重动向,把"吴忠发现聂元梓搞串联活动"的一封信批转政治局传阅,并指示对聂元梓组织批判。1974年,已任中央副主席、军委副主席的王洪文要北京派人去学习上海的民兵工作。回来汇报时,吴忠认为上海的民兵工作北京不能学。他指出了三点:第一、上海的民兵是在"文革"中组成的,一派群众组织的民兵,而北京还是原来的民兵组织。第二、上海的民兵权力很大,可以抓人,可以办案,北京不能那样办,不能取代公安机关。第三、上海的民兵与武装部是一个牌子、一个班子、一个党委,叫"三位一体",等于取消省军区、军分区、武装部,这涉及体制问题,北京无权决定。吴忠拒绝在介绍上海民兵工作"新鲜经验"的会上讲话,也不同意下发会议纪要。"四人帮"插手军权、把民兵变成听命于他们的"第二武装"的阴谋,在吴忠这里碰了一个硬钉子。

《共和国演义》写道:逮捕"四人帮"前夕,"江青连请北京卫戍区司令员吴忠和几个师长吃饭,吴忠按照江青的命令,调动部队前往人民大会堂、中南海一带布防。"这个虚构的情节更无任何"可靠的史料作依托",也不符合吴忠及其属下师长们的"身份"和"思想"。吴忠历来看不惯江青的恶劣表演,对她避之犹恐不及。天安门事件后,吴忠为回避执行"挖后台"的指示,以有病为名要到颐和园疗养,看房过程中听说园内有江青的两处住所,立刻上车返回城里。途中对秘书说:"咱们到北戴河去,离这婆娘远远的!"更早些时候,在1971年和1972年的整风汇报会华北组会议上,江青两次伸着手对吴忠说"你欠了我的账"。吴忠知道,1968年初杨成武、余立金、傅崇碧三位同志被整时，江青诬陷傅崇碧冲中南海，用皮包撞她，皮包里装着四支手枪。姚文元马上"作证"说，后边的汽车上还架着两挺机枪。傅崇碧蒙冤罹罪前是北京卫戍区司令员。卫戍区机关经过多年的调查，根本没有此事。江青惟恐真相大白于天下，一再暗示吴忠编造假证为她圆谎，吴忠对她的无理要求一直置之不理。所谓吴忠吃江青之请、听江青之命调兵布防一说，纯属空穴来风。粉碎"四人帮"至今不过二十二年，人们不会不记得，当时的首都一枪未发，平静如常。如果江青能指挥拥有大量坦克、火炮的北京卫戍区数万之众，如果吴司令员和他属下的师长们听命于江青集团，党中央又怎能如此顺利地解决"四人帮"？北京卫戍区上上下下没有一个人向"四人帮"写效忠信，没有一个人上他们的贼船，这些都是有案可查的。

注：本文作者系吴忠将军秘书。文章转载自《百年潮》，转载时对文中明显的年龄等错误已做更正。

（一）一九七一年的九一三事件

（小标题是整理者所加）

一、林彪跑了

九一三事件（注1）是我们党内一个重大的事件，党内从来没有过。可以相比的就是张国焘，张国焘跑到蒋介石那里去了。

事前我们一无所知。九月十二日毛主席回到丰台，找我们四个人谈话：李德生（注2）、纪登奎（注3）、吴德（注4）和我。李德生同志访问罗马尼亚刚回来，一开始汇报访问情况，我看毛主席不感兴趣，李德生同志还在那里讲，毛主席说：你们说的都是目，我今天要讲的是纲。什么是目？你们打过渔吗？见过渔网吗？目就是渔网的网眼，撒网的绳子就是纲，纲举目张嘛！主席讲了林彪的错误，说一句顶一万句，顶个屁！我讲了好几次不设国家主席，我不当国家主席，谁听啊？没人听。主席还讲了夫人不要当秘书，夫人当秘书不好；也讲了北京军区的华北山头主义，主席咬着牙、打着手势说要把郑维山（注5）这个山头主义的窝子捣烂！我属于华北管，对这个问题很感兴趣。主席讲了很多，但主要是讲林彪，我当时的估计是三中全会要解决林彪问题。主席讲了两个多钟头。我们去的时候主席等着我们，站起来一个一个握手，很尊重同志；走的时候我是最后一个，主席站起来说不能留你们吃饭了，直到我们走出车厢他才坐下。

回来的路上我和吴德一个车，请吴德到我家吃了面条当晚饭，商量如何传达的问题。我说，看李德生、纪登奎他们怎么传达，我们就怎么传达；吴德说只好这样了，这是主席第一次找我谈话。

庐山会议结束后接着是华北会议，然后紧接着批陈整风汇报会（注6），会上黄吴李邱（注7）做检讨，主席批的话也很尖锐，还有刘子厚（注8）做检讨，河北省的。我联想到华北会议和批陈整风汇报会，看来要清算林彪的问题，不然他怎么当着我们讲林彪的错误呢？讲的虽然不多，但没有必要当着我们讲，这是打招呼，林彪是什么人。

主席在丰台谈话以后，回来的晚上搞国庆节预演，三十八军等部队搞分列式，十二点吃夜餐的时候杨德中（注9）打电话给我，问预演什么时候结束？是总理问的。我说两点钟差不多可以结束。他说总理的意思可否提前结束？我说可以，现在就可以结束。当时并没想到林彪跑了。"十一"没有搞游行，只搞了游园。

晚上三点钟左右，杨德中打电话，总理要我们到大会堂去，有吴德、我。到大会堂时，总理正向各大军区打电话讲林彪跑的事，打哑谜、暗示，说那个长期养病的人，在庐山会议上发言的人，带着他的夫人向北跑了，向苏联方向跑了。总理要海军舰队和各地区空军直接听各大军区指挥，这样就把海军司令部和空军司令部的指挥权解除了。总理讲话中没有提林彪二字。总理打完电话后返过头对我和吴德讲，指着门说，主席就在这个房子里。我想总理的意思是，像林彪这样大的事件，主席不在中南海，而在这里，要准备打仗；我理解他是传达主席的意图。

总理说有架直升飞机在怀柔以西二十公里的上空盘旋，可能要迫降。我查了一下说，怀柔以西二十公里可能是渤海所，这里是一个盆地，是一个镇，公社所在地。总理要我派民兵、派部队，赶快把迫降的飞机找到，包围山区，抓到逃跑的人，飞机上一定有党和国家的许多核心机密，一定要搞到手，不能叫他毁掉，片纸都不能丢掉。总理交代任务后，我马上在人大会堂给警卫三师打电话，要离渤海所比较近的七团赶快向渤海所方向去，一定要找到那架迫降的飞机，不能让把上面东西毁掉，马上行动。三师是机械化的，步兵都摩托化，快。接着我打电话给卫戍区司令部，要求怀柔和延庆民兵马上出动，包围渤海所周围的山区，逐渐缩小包围圈，拉网式搜索从飞机上逃跑的几个人，不能让跑掉；接着又派卫戍区副司令李刚（注10）到现场指挥，要求他以最高速度赶去，但不能翻车，并要通信部门拨一条专线到渤海所公社，保持通话；要求李刚指挥民兵和三师七团找到迫降的飞机，机上党和国家的核心机密不能毁掉，片纸也不能丢了。李刚接受任务后走了。

打完电话后回来，总理继续谈，说我们就不用打哑谜了，讲了林彪逃跑的事，要准备打仗。这时三十八军一个师（112师）在赤峰拉练，正在行军途中，总理说这个师就不到保定附近了，归你指挥；我建议把它放在昌平，总理同意了。总理说炮六师、坦克六师都归你指挥。离开前，总理说此事只准吴德、吴忠你二人知道，其他人不能讲；我向总理建议，应告诉政委杨俊生（注11）同志，否则不好工作，总理接受了，只准我们三人知道，不准扩大。

二、搜捕外逃直升机人员、搜查罪证材料

回去后，在我的办公室，吴德和我向杨俊生同志传达了总理谈话的情况。接到李刚的第一个电话，说迫降的直升飞机找到了，上面有一个死人（驾驶员，被周宇驰打死了）（注12），抓住了两个人，一个叫李维信（注13），一个叫陈士印（注14）；发现两具尸体，问李维信，说是周宇驰（注15）和于新野（注16），在高粱地里自杀了，正在继续清查。李刚的第二个报告，说北京军区的部队和北空的部队正在向渤海所开进，是李德生主任派来的；我一听不对，总理布置任务时没说要北京军区和北空配合啊！我立即告诉李刚，北京军区和北空部队来了，一定要非常客气、非常礼貌，很好招待，请他们吃饭；第二条，请他们把武器放下来，否则混战一场，或者把材料毁掉了，怎么办？要是问谁的命令，就回答是卫戍区的上级。接着，我马上向总理报告了情况和我的处置，总理说好，就这样办。我想，若先

请示总理，说不定在这一霎那发生了情况，混战一场，我的部队一点准备都没有；我先讲了两条，马上发生情况你就可以执行，总理有新的指示我再修改。

黄昏时我报告总理，正在搜查材料，对北京军区和北空部队准备发还枪支，让他们回去；总理说加一条，告诉他们：你们已经完成任务了。

李刚第三次电话报告，李德生主任打电话来，让把人、枪、文件等一切东西马上送到空军司令部。我听着不对，因为信不过吴法宪（注17）才派你去坐镇空军司令部，空司现在情况不明，除了吴法宪其他人就没有问题？罪证材料送到空军大院，靠得住吗？我告诉李刚，空军大院情况不明，不能送到那里，要他派得力干部，足够数量的武装，绝对保证安全，马上送到卫戍区司令部，当面交给我！不能送空军大院！李刚不错，向我报告情况很及时，并没有马上往空军大院送。电话一放，我马上报告总理，李德生主任未经过我们，直接打电话给李刚要把抓的两个人、武器弹药和文件一起立即送到空军大院，因空军大院情况不明，我已告诉李刚派得力干部和足够数量武装，绝对保证安全，立即把人、枪、文件送到卫戍区交给我，总理说这样处理好，并要求人一到立即审讯李维信，要我和杨俊生审讯，带得力秘书。后来我找了副政委邹平光（注18）同志参加审讯李维信，审讯情况随时报告中央。审讯中李维信讲过有个571工程纪要（注19），引起我注意，我以为571工程纪要是一个工程上的东西，没承想是一个政治问题材料。陈士印是一个飞行大队长，知道情况不多。

我和吴德从总理那儿回来，到我的办公室，我要办公室主任通知各部门（只限于各部门），总参、总政、总后来电话要详细记录，要情况一律不回答。这是我回来的第一件工作，要赶快切断这条线，不让我的部队、机关再被总参插手、指挥。

李德生同志两次电话都没有通过我和杨俊生同志，没有通过卫戍区机关，直接打到渤海所，直到现在我也不理解他为什么打这两个电话，是没经验还是别的什么原因？让你去坐镇空军司令部是对吴

(一) 一九七一年的九一三事件

法宪不信任，让你取而代之，你怎么对空军机关那么信任？派部队是不是他派的，我也没有再查，用不着我去查。但对你派的部队，我让他们缴械了。我也不怕得罪主任，你的做法不对。总理给我交代任务你知道嘛，找迫降的直升飞机是我的任务嘛！你要协助，应打电话通知我啊！突然派部队来，我知道来干什么？我报告总理后，总理同意我的处置。现在也不理解他那两个电话是出于什么考虑，只有问他本人了。中央可能问过他本人了，我不知道是怎样解决的。

李刚在渤海所和我联系很方便，有专线。他后来报告，拣到一些纸片，撕碎了，上面有红铅笔写的字，丢了好几个地方；收集起来一对，意思可以差不多，有林彪的签字，是给周宇驰、于新野的，就是"手令"；再有是一封信，林彪写给黄永胜的。对这封信的碎片可费了劲了，碎片是分几天送来的，拣一片送一片，我让部队继续拣，庄稼搞坏了高价赔偿。杨俊生对碎片，一个礼拜没对上；总理让公安部的专家来搞，并通知李震（注20）。专家对得很快，不到两小时就对好交给我了，我到大会堂送给总理，但上面台头是"永生"，这时黄吴李邱还参加会议，总理让他们看这封信，据总理事后说，吴法宪、李作鹏（注21）、邱会作（注22）看了后都说没有这样的人，黄永胜（注23）看了后一下就坐下去了，情绪很不好。又过两天，找到了"月"字边的碎片，对上了是"永胜"，总理给毛主席看了，毛主席说"总理亲自保证"，很清楚是给黄永胜的信，这才肯定了黄永胜的问题。

再一个是"手令"。还有一张信纸上写的乘坐飞机的编号，红铅笔写的。这时中央才下决心，黄吴李邱"保护审查"，实际上是隔离审查。记得是9月24日抓的黄永胜，黄永胜说没看到这封信。飞机编号是准备南逃时的飞机编号。直升飞机降落后，于新野把飞行员打死了，一起往高粱地跑，躲在高粱地垄沟里，和李维信等商量好，大家一起死，他喊着口号，要忠于林彪，结果李维信朝天打了一枪，没有死。飞机编号的信纸缺两个残片。给黄永胜的信比较完整，是要他安心，不要着急。

解剖周宇驰、于新野尸体时，我给医生交代，切开胃，看看有没有吃下去的文件，医生没找出来。三个文件的残片没找全，但意思是明白的。警卫三师非常负责，像篦子一样找，还下了一场雨，好不容易找到这些残片。9.13十天后，才对黄吴李邱隔离审查。

为准备打仗，中央决定38军归卫戍区指挥。黄吴李邱隔离前召开作战会议，黄还是总长，我们给总理的报告，总理还给黄吴看了，要稳住他们。作战会议上传达了林彪逃跑事，作出部署，准备打仗。

我推测，林彪知道主席从南方回来要召开三中全会，可能意识到是要解决、清算他的问题，批陈整风已经牵涉到他了，叶群（注24）作检讨了；三中全会清算他的问题后，想跑也跑不掉了，他深知毛主席，所以要在三中全会前跑，这可能是他的考虑。

三、林立衡（注25）和直升机驾驶员是有功的

从北戴河跑的时候，林彪坐的是保险红旗，警卫部队8341开枪射击了，当时认为是叶群、林立果把林彪绑架跑了，推着、架着把林彪弄上车，就开枪了。我看到车子了，车门玻璃上好几个印子，没打穿。有个警卫科长从车上往下跑，还被打了一枪；车门关不死了，车上的人拽着车门开到了山海关。警卫部队开枪是为了保护林彪，以为林彪被绑架。林彪跑时找不到林豆豆（注25）了，很紧张；女儿到警卫部队了，藏起来了，向中央打电话说林彪跑了，向广州去了，没说去苏联，看样子去苏联是临时动议，可能是因为女儿找不到了，怕泄露机密，去广州靠不住了，才往苏联跑，这是我的估计。

有一次开会，那时我是林彪专案组成员，江青非说林立衡是林彪的坐探，要关起来；总理听得不耐烦，说把情况报告毛主席后，毛主席说，要不是林立衡向我们报告情况，我们都蒙在鼓里面呢！因此才在关于林彪的一号文件中写了"为党立功的林立衡同志"。总理说，我认为这样写是对的，主席也同意我的意见。这样把江青顶回去了。过了一会儿，江青说，讨论问题你不要发脾气嘛！我们都在场，总理

没有发脾气呀？后来林立衡还是受到江青一伙的迫害。我认为林立衡应该是立功受奖的人，够大义灭亲的了，是个好同志，应该让全国都知道。江青整她，在警卫一师实际上是关起来，逼得吃药自杀一次，抢救过来了。林彪逃跑，亲生女儿揭发他，对我们党的形象有什么不好？总理写得好：为党立功的林立衡同志。到现在我也认为应该宣传林立衡。

直升飞机上有很多文件，还有很多军事部署，对苏方向上的雷达部署都有；还有好多录音带，有一盘录音带装在信封里，上面写着"绝密文件"，听不清楚；后拿到公安部，技术人员把转速搞对了就听清了，是黄永胜给叶群打电话，谈私生活问题，林立果录下来了，录的质量不好，但可以听清楚。审讯黄永胜时给他放，他有意见，说这是严肃的政治问题，你们搞这个不严肃。

还查到三万外币，我看是德国马克，报告总理，总理说不对，哪来马克呢？后来知道是三万美金，又报告了总理。

那一段只有我们三人知情，整天忙乎，机关的人不知道；向总理报告情况，处理问题，机关的人判断与林彪有关，但究竟是啥问题不清楚。

飞机上文件很多，要带到苏联去作为见面礼，不重要的文件、一般的文件，带去干啥？都是些重要机密，总理判断对了，他说里面一定有党和国家的重要机密，不能叫毁掉了，片纸都不能丢掉。果然总理说得对。

直升飞机是要往北飞，让飞行员往乌兰巴托飞，李维信还活着。林彪的飞机一直向北飞，急急忙忙，机场有报告；有一次我向总理讲，不能打下来？总理说，你说的好！打下来你怎么解释？呲儿了我两句。直升飞机从北京起飞，两架没有联络，跑的时间一致，北空的飞机起飞拦截把它搞回来了。拦截还不是主要的，特别是驾驶员，他是中队长，不明情况，大队说找他去开会，正在睡觉，半夜三更找去了，叫他向乌兰巴托飞，枪逼着的，他觉得是要投敌，把罗盘搞乱了，周宇驰也搞不清往哪个方向飞了，看到钓鱼台向后转了一圈，一看怎么又回到北京了？这时到渤海所上空，飞机迫降，刚一落地就把驾驶员打死了。驾驶员是有功的，把罗盘搞乱了，不往乌兰巴托飞。

9.13 以后，每天注意听苏联广播，林彪到苏联后举行什么记者招待会啊，发表什么文章啊，发表什么演说啊，但一直听不到；过了三天，蒙古方面提出抗议，说我们有一架飞机进入他的领空，落在他的领土上了。我们的大使去看，是一架民航飞机，死的人甩出来，没有烧毁，送回来的照片上，林彪、叶群都认得出来，它是没油了，迫降的，领航员也没有，油也没加足，非常仓促，可见是临时动议往苏联跑，不是周密计划往苏联跑。传说很多，黑盒儿是烧不坏的，可能被搞到苏联去了，据说里面的录音还有开枪的声音，争吵，因为里面并不都是他的死党。这是传说，没准儿。但是照片上认得很清楚，林彪的膝盖骨露出来，搞断了，女尸（叶群）看得很清楚，肿胀起来了，并没有人员烧死，是迫降时飞机把草地划了很大一条沟，机翼在山岗上刮断了，翻下来造成的，看样子是迫降造成的，不是打下来的。

9.13 上午总理布置任务后，同时做了决定：保密。知密范围很小。为了首都和全国的稳定、平静，广播还像过去一样，祝林副统帅永远健康，知道林彪在温都尔汗摔死以后还这样讲，维持了不短的一段时间。这时各外国向他的使馆、武官要情报，说北京出了事情；这些大使、武官回答说北京非常平静，什么大事都没出。发表了林彪反党集团的罪行材料之一以后才公开。

四、抓捕黄吴李邱

抓黄吴李邱，毛主席、周总理很慎重，隔了十天。十天当中，中央的文件还要让他们看。找到林彪手令、飞机编号、给黄永胜的信以后才作出决定，隔离审查。9月24号晚上就准备了，总理找我们谈，抓起来放到哪里？我和吴德参加，杨俊生没参加。我考虑不能放在城里，警卫三师是新四军的，和黄吴李邱瓜葛少，吴法宪是新四军三师的，不是江南的，警卫三师是江南的黄克诚（注 26）的部队，总理同意了。商量结果，黄永胜由我押送到七团，怀柔；吴法宪放到三师九团，八里桥；邱会作放到牛栏山，炮团；李作鹏放在三师师部。这时天还没亮，预定抓他们是八点召开会议，战士还在车上睡觉。曾绍东（注27）押李作鹏。

开会时，邱会作晚到十五分钟，去机场送行回来晚了。总理很敏感，是不是他发觉了？既然黄永胜烧文件，他（按指邱会作）也可能发觉不来了？总理说，打一仗也要把他抓起来，问我：你有机动部队没有，我说有；有多少？我说城外两个师，城里一个团刚拉练回来在半壁店，总理说好，由这个团执行，到西山100号，打一仗也要把他抓起来。这时邱会作来了。

总理在新疆厅找黄吴李邱谈话，指出林彪准备南逃广州，你们了解不少情况，要老实交代。黄永胜表态，保证；总理叫我去，告诉黄永胜你到吴忠那里去，好好交代；黄永胜表示，拥护中央保护审查的决定。

我押送黄永胜到三师七团，安排好后我离开时，黄永胜把我叫回去，要我向总理报告："只要我知道的情况，我一定交代清楚。我拥护中央决定对我隔离审查"。

林彪专案小组十个人，里面还有黄吴李邱；后来中央让我和李震审讯黄吴李邱，我是专案小组成员，李震是公安部长，但不是专案小组成员，李震很客气，我还是让李震同志出头办这件事。

审讯时，黄永胜不交代什么问题，给他放那盘录音，他说这是政治问题，不严肃。拿出林彪给他的信，他说没收到。王飞（注28）给他送的信，他说不是这封信。既然是写给黄永胜的信，为什么在周宇驰手里？是不是周宇驰让黄永胜看信后把信收回了？都是推测，不能认定。王飞送的是否这封信也无法断定。黄永胜一直说没看到过这封信，我们也不能认定他看过这封信，理由就是这封信在周宇驰手里。但公审四人帮时，法庭上向黄永胜出示这封信时，黄永胜说看到了。我心里想，黄永胜可能紧张，一是他确实看到过这封信，另一种可能是，总理给他看过这封信，他没说清楚，是于新野、周宇驰给你看到过,还是总理给你看到过?没交代清楚,我也没法断定。我们搞了那么久他都不承认。

那时认为吴法宪态度最好,林彪给他交了底啊,飞广州啊,等等,说的很清楚,毛主席决定要宽大吴法宪,给他找房子。我找了,马寅初(注 29)的房子准备给他,老婆孩子可以住在一起。最后还有个问题让他交代,他说的含含糊糊。后来就没有给他那个房子。毛主席说吴法宪可以突破,一问他就哭,交代很清楚。法庭上已经问完了,要走的时候他说:还有个问题要交代!李作鹏,总理问他,山海关机场已经通知了,不准起飞,你为什么要他起飞?为什么修改了总理指示?邱会作也没交代什么问题。

审讯黄吴李邱时,南逃问题没搞清楚,黄吴李邱是否知道南逃广州、另立中央?我那时没搞清楚,审讯四人帮时也没搞清楚。

五、林彪未送出的一封信

九一三以后,从毛家湾查到一个材料,是林彪 1971 年 5 月 23 日的信稿,内容是:

"毛主席:

"5 月 20 日,我找了周总理,谈了谈有关党内团结和相当于政治局以上人员的安全问题,为了总理考虑和请示主席,现将我谈话的大意报告主席,请主席考虑并盼主席能找总理谈一谈,由总理采取落实的办法。我的意见如下:

"经过五年来的文化大革命,而这个大革命是非常必要的和正确的,我们是取得了很大的胜利,现在是要巩固胜利,是要贯彻九大的团结路线,保证九大以后特别是批陈整风以后(批陈整风是必要的和正确的,因为陈伯达是反革命分子,是大坏蛋,他利用庐山会议的机会乘机作乱,因此必须肃清他的影响),党中央和中央政治局在一个相当长的时期保持巩固的团结,预防思想糊涂的人和冒险家采取意想不到的冒险行为,破坏党的团结,导致秩序的混乱,引起国内国

（一）一九七一年的九一三事件

外的不良反应，为此要想出具体办法。我想了以下办法，不知妥否，盼主席酌量：第一，实行四不一要的做法，一是在暂定十年之内，对现任中央政治局委员和候补委员的大军区第一把手、第二把手（经过批陈整风以后，现任中央和中央局［按：口述如此，似应为中央政治局］人员基本上应当说是可靠的），实行不逮捕、不关押、不杀、不撤职等四不，如果他们某个成员有错误，可经过党内思想批判来解决，他们有病，可找人代替工作，如果病故则提升其他人接替，至于久病要求退休者则按退休干部处理，一要就是遇特殊情况要执行主席面授机宜指示；第二，将以上规定传达到北京以至其他必要城市担任卫戍部队的每一士兵，要他们根据这个规定，任何时候不执行除主席以外的任何首长有关对中央或相当于中央政治局以上人员的捉人、关人、杀人等乱令，如果他们借口是执行命令而执行乱令，则其本人应接受法律的严厉制裁，无论逃至何处，均应归案严办，而决不可托辞是执行命令而推卸自己的责任；第三，为保证首都安全，首都附近的三个人造山建议由华东、东北、山东各派一个独立营来担任固守；第四，建议三十八军调离华北，这个部队虽然是很好的部队，但放在首都附近不甚适宜，宜调往别处，换一个原二野、三野或一野的军来接替他们的任务为宜。

"我的以上想法，是看了这次批陈整风会议文件，有的同志在担心着安全问题，他们的心情是忧虑的，因而是值得重视和深思的。

"我想，为了防止万一发生事故起见，所以想到以上做法，但这些方法必然是不完备或甚至是不正确的，特报告主席，请主席考虑交总理遵办。关于第一条和第二条，甚至可以召集首都所有担任警卫部队的干部开会宣布，由他们口头上或文字上传达到每个士兵，并且每隔两三个月重复向士兵传达一次，十年不懈。十年后再看情况，基本上也应当根据这个精神办理。首都以外的部队可传达到师团以上干部。这些内容对外都应严格保密，尽可能免除副作用的发生。

"我很想和主席谈谈，如主席什么时候有时间，请约我一谈。
此致

敬礼"

林彪的四不一要虽然没有送到毛主席那里，是授意、起草、修改、抄清，据了解完了以后放了三天，林彪考虑不送了。总理说，林彪和他说过此事，总理说有这个必要吗？林彪是想把这个送到主席那儿，取得主席批准后，他那个班底就保留下来了，黄吴李邱啊。他不是说有些人忧虑吗？安全没保证吗？实际上就是这些人，政治局的这些人。这样就把他的班底保下来了。

　　这时九届二中全会以后已经查到黄吴李邱、叶群头上，实际上也查到林彪头上了，他想用这个办法制止，不要再查了，不要搞下去了，这是我的理解，把班底保住，这是一；第二，卫戍区这一条，我看了有后怕的感觉，也不用给你施加影响，也不拉你，拉你你会报告，传达到每个士兵，每隔两三个月传达一次，十年不懈。野心家一旦可以给你出情况，他说毛主席生死不明，或者他把毛主席搞起来了，打电话也打不出去了，那么要毛主席面授机宜执行，现在毛主席不能面授机宜了，我是第一副主席呀，我给你卫戍区面授机宜你得执行呀，不执行马上把你抓起来干掉，换一个人，叫你抓谁你抓谁，这样一来，卫戍区部队在他手里紧紧掌握着，毛主席要是通过了他就掌握了卫戍区，说是"防止野心家捣鬼"，这样一个文件毛主席批准了，给士兵两三个月传达一次，十年不懈，一旦出了情况他是第一副主席，党章上写的接班人，他要面授机宜你不接受？不接受马上把你干掉，这就不是乱令了。用这个办法掌握卫戍区，倒真是个高明的办法，比请吃饭、照相、封官、拉你更安全，你要报告了他就暴露了，还真没有好办法对付他。但他没有送到毛主席那儿，他知道毛主席是个敏感的人，送给毛主席谁知道会怎么看，同意了好，不同意呢？会不会露马脚呢？他感到没把握，才没有上送，都已经抄清了呀！看来林彪这时候想的点子很多，想把他的班底保留，把卫戍区控制起来，必要时他来"面授机宜"，让抓谁就得抓谁，这不能说不厉害。

　　林彪这个人很动脑筋。从这个问题可以看出林彪在逃跑之前的心理状态，他是在想什么。他想的问题很大，把他的政治局保留下来，不捉、不捕、不关、不杀，十年不变，除了病故、退休的，十年不动，

（一）一九七一年的九一三事件

他对能否骗得过主席没把握才没送。

这个材料很重要，庐山会议后林彪看到已经搞到黄吴李邱头上、搞到叶群头上，已经搞到他头上了，他要想什么办法解救危局，这个办法不成才外逃，反映了他的思想活动和心理状态。这不是一天想出来的，是深思熟虑，反反复复，抄清了以后还搁三天，考虑送还是不送，最后决定不送，因为没把握，一送就可能露馅儿了。这个材料很可以研究，是高级政治生活的内容，动脑筋想一想可以受益的，有好处。

注1：九一三事件：1971年9月13日，当时的中共中央副主席、中共中央军委副主席、国防部长林彪，及其妻、中共中央政治局委员叶群，其子、解放军空军司令部作战部副部长林立果等人，乘飞机外逃，飞机在蒙古国温都尔汗坠毁，包括驾驶员在内的九人全部死亡，震惊中外。

注2：李德生（1916.4—2011.5），新中国建立后历任解放军师长、中国人民志愿军师长、副军长，解放军军长，安徽省军区司令员、省革委会主任，南京军区副司令员，解放军总政治部主任，北京军区司令员，沈阳军区司令员，国防大学政委等职；1955年被授予少将军衔，1988年被授予上将军衔；是中共九届中央政治局候补委员，十届中央委员会副主席，十一届、十二届中央政治局委员。"九一三事件"时任解放军总政治部主任、北京军区司令员。

注3：纪登奎（1923.3—1988.7），新中国建立后历任中共河南省许昌地委副书记、书记，洛阳地委第一书记，河南省委书记处候补书记兼商丘地委第一书记，河南省革委会副主任，国务院副总理等职；是中共九届中央政治局候补委员，十届、十一届中央政治局委员。"九一三事件"时任北京军区第二政委、河南省委书记。

注4：吴德（1913—1995.11），新中国建立后历任燃料工业部副部长，中共平原省委书记，天津市委副书记，天津市副市长、市长，中共

吉林省委第一书记，北京市委第二书记，北京市革委会副主任、主任，中共北京市委第一书记兼北京军区政委等职；是中共八届中央候补委员、中央委员，九届中央委员，十届、十一届中央政治局委员。"九一三事件"时任北京市委第二书记、北京市革委会副主任，北京卫戍区第一政委。

注5：郑维山(1915.8—2000.5)，新中国建立后，历任解放军19兵团副司令员，中国人民志愿军19兵团副司令员、20兵团代司令员，北京军区副司令员、司令员，兰州军区司令员等职；1955年被授予中将军衔。是中共九届中央委员。中共九届二中全会后受到批判。

注6：批陈整风。陈，指陈伯达。

陈伯达(1904.10—1989.9)，曾长期担任毛泽东政治秘书，"文革"初期任中央文革小组组长；是中共七届中央候补委员、中央委员，八届中央政治局候补委员、委员、常委，九届中央政治局常委。在1970年8月召开的中共九届二中全会上，陈伯达因鼓吹"天才论"遭到毛泽东的严厉批评并被立案审查；全会后，在中共党内开展的批判陈伯达的活动称为"批陈整风"。

1981年，陈伯达被认定为林彪集团主犯，判处其有期徒刑18年，同年保外就医，1988年刑满释放。

注7：黄吴李邱，指黄永胜、吴法宪、李作鹏和邱会作；此四人被称作林彪的"四大金刚"，1981年，四人均被认定为林彪集团的主犯，分别被判处有期徒刑18年、17年、17年、16年。

黄永胜(1910.11—1983.4)，新中国建立后，历任解放军十三兵团代司令员、司令员兼广西军区副司令员，十五兵团司令员兼广东军区副司令员，华南军区副司令员，中国人民志愿军十九兵团司令员，中南军区副司令员兼参谋长，广州军区司令员，广东省革委会主任，解放军总参谋长等职。1955年被授予上将军衔；是中共八届中央候补委员、中央委员，九届中央政治局委员。"九一三事件"时任解放军总参谋长。

吴法宪(1915.8—2004.10)，新中国建立后，历任解放军空军第一副政委、政委，空军司令员，解放军副总参谋长等职。1955年被授予中将军衔；是中共九届中央政治局委员。"九一三事件"时任解放军副总参

(一) 一九七一年的九一三事件

谋长兼空军司令员。

李作鹏(1914.4—2009.1)，新中国建立后历任解放军十五兵团参谋长，第四高级步兵学校校长，第一高级步兵学校校长，中央军委训练总监部陆军训练部部长，总参谋部军训部部长，海军副司令员，海军第一政委，解放军副总参谋长等职。1955年被授予中将军衔；是中共九届中央政治局委员。"九一三事件"时任解放军副总参谋长兼海军第一政委。

邱会作(1914.4—2002.8)，新中国建立后，历任解放军十五兵团副政委，华南军区政治部副主任、主任，中南军区政治部第二副主任，解放军总后勤部副部长、部长，解放军副总参谋长等职。1955年被授予中将军衔；是中共九届中央政治局委员。"九一三事件"时任解放军副总参谋长兼总后勤部部长。

注8：刘子厚（1909—2001.12），新中国建立后历任中共湖北省委组织部部长、湖北省委副书记，湖北省委第二书记兼湖北省省长，河北省委第二书记兼河北省省长，河北省委第一书记，北京军区政委；是中共九届、十届、十一届中央委员。"九一三事件"前为河北省委第一书记、河北省革委会主任。

注9：杨德中，生于1923年。新中国建立后，历任解放军团政委，师政治部副主任、主任，中央警卫团政委，中央办公厅警卫局副局长，陕西省军区副政委，中央办公厅警卫局局长兼中央警卫师师长，中央办公厅副主任、第一副主任等职；1988年被授予中将军衔，1994年晋升为上将；是中共十二届至十四届中央委员。"九一三事件"时任中央办公厅警卫局副局长兼中央警卫团政委。

注10：李刚(1922—2001.9)，新中国建立后，历任中国人民志愿军团长、师参谋长、副师长，解放军师长，总参谋部处长，北京卫戍区参谋长、副司令员，中国人民武装警察部队司令员等职。"九一三事件"时任北京卫戍区副司令员。

注11：杨俊生（1916.3—1998.2），新中国建立后，历任解放军十六军参谋长兼贵州遵义军分区司令员，中国人民志愿军十六军副军长兼参谋长，志愿军炮兵指挥所司令员，解放军军长，旅大警备区政委，解

放军第二炮兵司令员，北京卫戍区政委，北京市革委会副主任、北京市委书记等职。1955 年被授予少将军衔；是中共九届至十一届中央候补委员。"九一三事件"时任北京市委书记、北京市革委会副主任，北京卫戍区政委。

注 12：该直升机驾驶员名叫陈修文，为解放军空军某部飞行员、中队长，驾机飞行中被周宇驰持枪威逼向境外飞，陈修文巧妙地将罗盘反调 180 度，使飞机返回北京；迫降时与周宇驰搏斗，被杀害。

注 13：李维信，原解放军空军某部政治部秘书处副处长，时为林立果的生活秘书；是林彪集团的重要成员。

注 14：陈士印，时任解放军空军某部飞行员、大队长。

注 15：周宇驰，时任解放军空军司令部办公室副主任；是林彪集团的重要成员。

注 16：于新野，时任解放军空军司令部办公室处长；是林彪集团的重要成员。

注 17：吴法宪，详见注 7。

注 18：邹平光（1922.3—2008.7），新中国建立后历任解放军团长、师参谋长、副师长、师长，沈阳军区工程兵副政委，北京卫戍区副政委等职。"九一三事件"时任北京卫戍区副政委。

注 19：《571 工程纪要》：1971 年 3 月，林立果等人秘密策划、制定的武装政变计划，"571"即"武装起义"的谐音。

注 20：李震（1914.12—1973.10），新中国建立后历任解放军 12 军副政委、中国人民志愿军 12 军副政委、政委，解放军兵团政治部副主任，沈阳军区政治部副主任、第二主任，沈阳军区副政委，公安部常务副部长等职；1955 年被授予少将军衔；是中共九届、十届中央委员。"九一三事件"时任公安部革委会主任、党的核心小组组长。

注 21：李作鹏，详见注 7。

注 22：邱会作，详见注 7。

（一）一九七一年的九一三事件

注23：黄永胜，详见注7。

注24：叶群(1917—1971.9)，林彪之妻；新中国建立后曾任教育部普教司副司长，上海市教育局副局长，广州市教育局副局长，林彪办公室主任，"文革"中任全军文革小组副组长、中央军委委员。是中共九届中央政治局委员。"九一三事件"中随林彪外逃，机毁人亡。

注25：林豆豆，即林立衡，生于1944年，林彪与叶群之女。曾任《空军报》副总编。"九一三事件"前夕，林立衡向中共中央报告了叶群、林立果的出逃动向。

注26：黄克诚(1902.10—1986.12)，新中国建立后，历任中共湖南省委书记，湖南军区司令员，解放军副总参谋长兼总后勤部部长，国防部副部长兼中共中央军委秘书长，解放军总参谋长等职；1959年受到错误批判；"文革"后任中共中央军委顾问。1955年被授予大将军衔；是中共八届中央委员、中央书记处书记，中共十一届三中全会上被增补为中央委员，并被选为中央纪律检查委员会常务书记，后为第二书记。

黄克诚曾在抗日战争期间(1941.2—1945.10)任新四军三师师长兼政委，而吴法宪在此期间任三师政治部主任；吴忠这句话含义不清。

注27：曾绍东，生于1917年。新中国建立后历任解放军师参谋长，中国人民志愿军师参谋长、副师长，解放军师长、副军长、军长，北京卫戍区副司令员，毛泽东主席纪念堂管理局局长等职。1955年被授予上校军衔，1960年晋升为大校。"九一三事件"时任北京卫戍区副司令员。

注28：王飞，生于1922年。"九一三事件"时任解放军空军司令部副参谋长兼办公室主任；是林彪集团的重要成员。

注29：马寅初(1882.6—1982.5)，中国著名经济学家、人口学家，新中国建立后曾任浙江大学校长并兼中央财经委员会副主任、华东军政委员会副主任，北京大学校长等职。因其《新人口论》受到错误的批判，1960年初辞去北大校长职务。

附录一：9.13事件中的直升机迫降现场

胡世寿（注1）

九·一三事件是我们党历史上最大的政治事件，主要是两架飞机外逃，载着林彪等人的三叉戟坠毁在蒙古温都尔汗，另一架直升机被英雄飞行员陈修文迫降在怀柔北部山区。我有幸亲临直升机现场，参与处理了九一三事件中的直升机一案。2011年是九一三事件40周年，我愿意把这一段历史告诉大家。

1971年9月13日早晨5时多，我像往常一样到大操场，准备出操。师长张良友叫住我，让我去执行紧急任务。张师长说刚接到吴忠司令员从人民大会堂打来的电话，怀柔北部山区上空有一架直升机要迫降，要我们三师立即派人去处理。张师长还交代，机上人员要是活的，不能让他死了；如果死了要看好。对直升机上的东西，如文件、武器要看管好，决不能让空军搞走。

我立即去办公楼打电话，准备通知七团派一个连去现场。这时部队还没有吹起床号，操场上还没有人，我在去办公楼途中碰到司令部坦克科参谋杨景庭。他拿着腰带准备出操，我临时"抓"他跟我去执行任务。我们快走到办公楼时，碰上副参谋长曹玉培，我当即叫他通知七团去一个武装连，紧急到怀柔北部山区。

我和参谋杨景庭什么武器也没有带，就急忙坐上嘎斯69出发了，此时还不到6时。我虽然不知道发生了什么事情，但感觉是大事。我心里非常焦急，也没有去想为什么不能让空军插手，明明是他们的飞机嘛。我命令司机开到80迈。怀柔地区的道路还算平整，只是窄一些，好在清晨没有什么车辆，6时30分我们到达怀柔西边的渤海所。

我们到时直升机已经迫降在时令河的河滩上,这是一块四面环山的小盆地。七团的武装连还没有赶到,直升机现场全是民兵和老百姓,人山人海,也搞不清有多少人,反正直升机周围全是人。怀柔山区解放前是革命老区,老百姓警惕性都很高。而且他们日落而息,日出而作。正是起床时间,成千上万的老百姓拿着锄头、铁锹、棍子,大声喊叫着抓特务。他们七嘴八舌说,直升机是早晨4、5时来的,然后降落的,声音非常大,而且直升机在空中抖动不止。

我们到达现场时,我看见直升机上有一个飞行员(陈修文)歪倒在驾驶舱里,又查看了附近玉米地有两具死尸(空军司令部办公室副主任周宇驰和处长于新野)。我问村干部有没有活人。众人七嘴八舌地说:有两个活人,一个到了沙峪,一个在渤海所。

我把现场交给民兵看守,嘱咐任何人都不能靠近直升机。然后我去了沙峪。在大队部我看到一个穿空军服装的人(李伟信),正在给空军副参谋长胡萍(注2)打电话,报告他们迫降在怀柔山区。我们只是执行具体任务,没有对犯人提审的权力,我简单问了他几句。他说他叫李伟信,是空四军秘书处长,在林立果身边工作。李伟信还说吴法宪搞政变,林彪去乌兰巴托求援。这不是天大的玩笑吗?我听了根本不相信,立即命令把李伟信捆起来,关进嘎斯车里,由杨参谋看管,不能让他胡说八道。然后我一人去渤海所大队部,在民兵的帮助下,把另一个活着的飞行员陈士印也捆了起来。

这时,七团副团长王德胜带五连两个排赶来了,真是及时雨!我非常高兴,首先向王副团长宣布事故性质严重,你们任务也非常重,首先把两个犯人看管起来,不能让他们自杀,也不能让他们跑了,更不能被空军抢走。如果犯人逃跑,只能打断他的腿,决不能打死。

接着我派部队切断渤海所至怀柔的公路,切断沙峪至九渡河公路,防止沙河机场的空军来抢文件和武器。然后我迅速回到直升机现场,向老百姓宣布:事情性质很严重,请大家远离,不要靠近直升机,保护好现场。

这时,怀柔县革委会主任张满、副主任杨某某、怀柔县公安局局长李军、怀柔武装部部长朱兆林、七团团长张前进都来到现场，我召集所有在场的领导干部开了一个紧急会议。虽说我对事情也并不清楚，但总比他们多知道一些。我说：一、事件是严重的，属于什么性质尚不清楚，但涉及国家机密；二、请召集大队干部，动员群众回去搞生产；三、不要传播谣言。这件事情关系国家大事，谁传谣就是造谣惑众的问题。现场由七团五连看管，别人都离开，决不能出任何问题。

我同时向在场的公安部、市公安局、怀柔县公安局的干部，包括法医、记者宣布：此次事件有关大局，是机密大事，问题尚不清楚，第一不得外泄，第二请将拍摄的胶卷交出来，待问题弄清楚了再还给你们，或者自己曝光。目前我们对总的情况没有接到上级通报，北京卫戍区规定我们执行具体任务，其他无可奉告。这是国家大事，请予合作。大家不要在现场停留，都请立即回去吧。

9时左右，北京卫戍区副司令员李钢来到渤海所，我向他报告了直升机迫降的大致情况，已出现的问题和处理情况。李副司令员指示开设指挥所，对现场出现的新情况要及时上报。我立即将大队的电话调用，由北京卫戍区司令部通信处与北京市电话局、中南海电话局协调，将人民大会堂至渤海所的电话调为专线，沿途支线停止使用，保障司令员吴忠与渤海所的通信畅通无阻。

这时，总政保卫部部长徐海涛坐着奔驰车来了，说是总政主任李德生要他来了解一下情况。根据人民大会堂电话的指示精神，我告诉他，我们是看管犯人，保护好现场，没有提审犯人的权利，无情况奉告。你要看可以隔200米，远距离观看，不可以进到现场。这位徐部长看了看外部情况，提出要回去。我让五连副连长李友清把他送到团部休息，要团长热情接待，实际上把他"软禁"起来。因为在那么复杂的情况下，搞不清这位保卫部徐部长是真是假。

空军沙河机场警卫连连长带全副武装的一个班来了，说要了解直升机的情况。我问他知道是什么事故吗？他说不知道。我说：一、你不知道是什么事故；二、这个地区属于北京卫戍区的防区，友邻部队全副武装来,要事先联系或得到有关部门通知方可进入;三、你们莫名而来是不符合规定的,待我报告后再说。

因为师长已经交代不能让空军介入,虽然搞不清为什么,但我对空军方面来的人格外注意。我让这一个班的空军把武器放下,其中一名空军战士说他枪里有子弹。我当即命令他们向后转,退子弹,枪放下,收缴了他们的枪支弹药。这时部队还没有到,事后想真是有点冒险。正好七团卫生队军医马志军带救护车来到现场,我大声叫马军医把这个班送到你们营房,要团里安排他们休息吃饭。实际上也是把他们"软禁"起来了。

11时左右,空军驻怀柔导弹某师政委带着陈参谋长来了,要进现场,被我劝阻。我把他们让到生产大队的一间空房里,屋子里没有椅子,大家都站着。我问他们奉谁的命令。他们说是空军副参谋长胡萍的指示,让他们了解现场情况。我又问他们:你们知道是什么事故吗?他们说不知道。我说既然不知道,请两位坐下休息。他们提出要回去,我说不要急,待我报告人民大会堂,得到指示后再作安排(按:其实他们坐吉普车来的途中与怀柔武装部部长朱兆林相遇,朱部长简单介绍了情况,他们也看了两具尸体的现场,只是他们进直升机现场被拦)。过了20分钟,人民大会堂周总理指示,现场由北京卫戍区处理,让他们回去工作。

11时左右,北京电话指示,派两名得力干部把两名活犯人安全押送到北京卫戍区司令部,交给北京卫戍区司令员吴忠、政委杨俊生。我将七团团长张前进、怀柔武装部部长朱兆林请来,交代他们两人每人押送一人,直接送到北京卫戍区司令部二楼,交给吴、杨两位首长。我说:你们要特别注意,第一、中途不能停车,不能让空军把人抢走;第二、要绝对保证安全,如果犯人逃跑,可以打断腿,决不能打死,一定要把活人送到卫戍区;第三、送到后你们直接回部队,掌握部队,做好战备工作。

安排完这一切,到了午饭时间。我又渴又饿,才想起来还没有吃早饭,更不要说午饭了。我要七团副团长王德胜到沙峪警卫点(仓库)

三机连送点饭。直到下午2时炒饭送来了，我才和李刚副司令员等吃了一顿饱饭。约下午3、4时，人民大会堂来电话指示，当晚把三个死者送到警卫二师医院的太平间。于是我决定用七团卫生队的救护车，由五连派三个人，随军医押车。

我指挥九连连长李金虎上直升机，将飞行员陈修文的遗体从驾驶室搬下来。直升机的机身上有个用盖板盖住的脚蹬，一伸脚就能打开，可是我们都没有上过直升机，不知道怎么上去，最后只好搭人梯上去，费了很大劲才把陈修文的遗体搬下来。驾驶舱地上血很多，都流到后舱了。

然后我指挥清查直升机上的文件、武器等物品。我们强行打开后舱门，里面有三支冲锋枪，两支手枪，以及部分子弹。还有一大皮箱机密文件和军事地图，标有全国军队部署等。这中间还出了一个笑话。我们发现一部录音机，那个年代根本没有见过什么录音机，也不知道是什么东西。大家乱拨乱按，结果弄响了。以后知道是黄永胜、叶群谈乌七八糟的私生活，据说是林立果录的，目的是为了让黄永胜交权的证据。李刚副司令员急忙叫关起来，可是谁也不会关录音机，老是在响。最后有人试图用急救包的绑带把它绑起来，无意中碰到开关，这才不再响了。

处理完直升机，我和五连战士清理现场周围。在不远的玉米地里发现一地碎纸片，红铅笔写的白色纸。我命令全部捡回，用信封装好，一并呈送北京卫戍区领导。

中央处理慎之又慎。专家拼凑字块时发现少了一个"月"字，要求找回。9月14日上午我带五连一排再去现场找，不巧9月13日夜里下了雨，增加了寻找的难度。我们采取拉网式，反复几趟，才终于在泥地里找到了一小块湿纸片，如获至宝，"月"字找到了(按：为了一个"月"字，如此兴师动众。而更重要的"林彪手令"为何缺失三分之二）。

我体会工作作风要细致，特别是政治事件中任何细小杂物都不能丢掉，否则将误大事。如果我们第一天20多人在玉米地找遗物，再细一点,就不会丢掉"月"字,专家复原成"黄永生",给周总理添了麻烦。据说周总理在人民大会堂问黄、吴、李、邱,谁认识黄永生,都摇头不答。9月14日下午这个"月"字送到卫戍区司令部,和"生"字一对,正是"胜"字。据说黄永胜看后傻了眼,往沙发一倒说"小林彪临死还拉我一把"。

9月13日19时,我把直升机现场交七团副团长王德胜负责指挥,由五连严加看管,不准出任何问题。我随副司令员李刚把收缴的文件和武器弹药装上车,直接去了北京卫戍区司令部二楼会议室。中央政治局委员、北京市第一书记吴德,中央候补委员、卫戍区司令员吴忠都在等着我们汇报。

副司令员李刚要我汇报,我就从接到电话后,5点半出发,约6点20分渤海所飞机迫降现场,立即将两个活的即李伟信和副大队长陈士印抓获。我简单问几句,李伟信说吴法宪搞政变,林彪等去乌兰巴托求援,我听后又信又不信,但感到事态严重,命令他停止放毒,然后又请怀柔县革委会主任张满等人开会,要他们动员群众回去搞生产,不要散布谣言。后来我又讲了陆续处理公安系统来的人,以及处理沙河机场警卫连长带的全副武装班,空军驻怀柔导弹师政委、参谋长,总政保卫部徐部长等一系列问题。

诸位领导听我汇报后说:你处理现场的情况是对的。然后特别强调:你们没有传达任务,要保密。司令员吴忠对我说:你回去抓部队战备工作。

汇报会议结束已经到晚上10时,李刚副司令员请我到食堂吃晚饭,喝茅台酒。饭后我回到师办公楼,师长、政委和师其他领导都集中在作战室,等着我讲情况。我只说一架直升机出政治事故,北京卫戍区领导要我们抓好战备工作。

当晚我怎么也睡不着,接触到的情况令我震惊。林彪是中共中央副主席,党章明确写着是伟大领袖毛泽东主席的接班人,为什么犯人李伟信说吴法宪搞政变,林彪去乌兰巴托求援?北京卫戍区领导没有回答我这个问题,究竟是李伟信撒谎,还是确有其事?我搞不清楚。国庆节前传达中央57号文件，我才恍然大悟。不管怎么说，我们面对现实，尊重党中央新的指示精神，坚决认真积极负责处理新情况就对了。

（引自《党史博采》2011年第10期）

注1：胡世寿，生于1928年，安徽无为县黄姑乡人，1941年5月入伍，1943年3月加入中国共产党。时任北京卫戍区副师长，后任师长，离休时任北京卫戍区司令部副参谋长。

注2：胡萍，生于1923年。时任空军副参谋长兼空34师师长、党委书记，是林彪集团重要成员。

附录二：林彪1971年5月信稿辨析

余汝信

一、林彪信稿的真实性无可置疑

对于中国当代史研究者而言，因为缺乏可靠的公开材料，林彪在1970年庐山会议闭幕至"九一三"之夜长达一年的思想、活动轨迹，一直是系统研究的空白。故而，近年披露的林彪1971年5月间写给毛泽东的一封长达一千一百多字的信函，就显得格外珍贵。

鉴于《炎黄春秋》2012年第1期刊登的《吴忠谈"九一三"事件》在转述该信稿时与原文存在不少误差，笔者在《炎黄春秋》2013年第5期上，披露了经与原文（影印件）反复核对后的信稿全文：

主席：

五月二十日，我找了周总理谈了谈有关党的团结和相当于中央局以上的安全问题。我要总理考虑和请示主席。现将我谈话的大意报告主席，请主席考虑并盼主席能找总理一谈，由总理采取落实的办法。我的意见如下：

经过五年来的无产阶级文化大革命，而这个大革命是非常必要的和正确的，我们党取得了很大的胜利。现在是要巩固胜利，是要贯彻"九大"的团结路线，保证"九大"以后，特别是批陈整风以后（批陈整风是必要的和正确的。因为陈伯达是反革命分子，是大坏蛋，他利用庐山会议的机会乘机作乱，因此必须肃清他的影响）党中央和中央局在一个相当长的时期保持巩固的团结，预防思想糊涂的人和冒险家,采取意想不到的冒险行为,破坏党的团结,导致秩序的紊乱,引起国内国外的不良反映。为此,要想出具体办法。我想到了以下的办法,不知妥否,盼主席酌量。

第一,实行"四不一要"的做法。即是在暂定十年之内,对现任中央政治局委员和候补委员的大军区的第一把手、第二把手(经过批陈整风以后,现任中央和中央局人员,基本上应当说是可靠的)实行不逮捕、不关押、不杀、不撤职等"四不",如果他们某个成员有错误,可经过党内思想批评来解决,他们有病,可找人代替工作,如果病故,则提升其他人接替。对于久病要求退休者,则按退休干部处理。"一要"就是遇特殊情况,要执行主席面授的机动指示。

第二,将以上规定传达到北京,以至其他必要城市担任卫戍部队的每一士兵,要他们根据这个规定,任何时候,不执行除主席以外的任何首长有关对中央和相当于中央局以上人员的捉人、关人、杀人等乱命。如果他们借口是执行命令而执行乱命,则其本人应受法律的严厉制裁。无论逃至何处,均应归案严办。而绝不可托辞是执行命令而推卸自己的责任。

第三,为保证首都安全,首都附近的三个人造山,建议由华东、东北、山东各派一个独立营来担任固守。

第四,建议将三十八军调离华北。这个部队虽然是很好的部队,但放在首都附近不甚适宜,以调往别处,换一个原二野、三野或一野的军来,接替他们的任务为宜。

我的以上想法,是看了这次批陈整风会议文件,有的同志在担心着安全问题。他们的心情是忧虑的,因而是值得重视和深思的。我想,为了防止万一发生事故起见,所以想到以上的做法,但这些方法必然是不完备或甚至是不正确的,特报告主席,请主席考虑交总理遵办。

关于第一条和第二条,甚至可以召集首都所有担任警卫部队的干部开会宣布,由他们口头上或文字上传达到每一个士兵,并且每隔两三个月重复向士兵传达一次,十年不懈。十年后再看情况,基本上也应当根据这个精神办理。首都以外的部队,可传达到师、团以上干部。

这些内容，对外都应严格保密，尽可能免除副作用的发生。

我很想和主席谈谈。如主席什么时候有时间，请约我一谈。

此致

敬礼！

笔者在发表以上信稿全文的同时指出："一、这一份已誊清的信稿，并非林彪亲笔所写，而是其他人的笔迹。二、信稿的末尾，没有署名，没有落款日期。三、在原'林办'秘书中，目前尚未有人公开承认是该誊清稿的抄录者。换言之，该信稿形成过程是研究者目前尚未弄清楚的，包括：是否确为林彪口授？谁是林彪口授时的记录人？信稿口授、起草、誊清的日期？为什么没有署名？为什么未能发出？这一切，目前尚未有答案。"（注1）

当年担任林彪办公室保密员一职的李根清，看了《吴忠谈"九一三"事件》及《"林彪信稿"的本来面目》两文，并与时任林办机要秘书的于运深共同回忆、探讨后，在《炎黄春秋》2014年第11期上发表了《林彪"散记"中对毛泽东的思考》一文，其中提及了林彪这一信稿产生的简略过程。李根清称："过了几天（注2），林彪向秘书于运深口述了一封给毛泽东的信，建议对现任政治局委员的大军区的第一把手、第二把手实行'四不一要'的做法，即'不逮捕、不关押、不杀、不撤职'；'遇特殊情况，要执行主席面授的机动指示'……于运深把信稿交给我，让我誊清后送林彪签发。也许是林彪又觉得自己的想法不合时宜，难以落实，或其他什么原因，这封信始终没有再交给我通过机要渠道送达。"

二、不排除毛当时已经知道林的想法

2016年3月31日，笔者在北京见到了李根清和于运深。笔者向李、于两人展示了林彪信稿原文的影印件。

四十五年后，目睹自己年轻时书写的文字，年逾古稀的李根清万分感慨！李称，信稿是他的笔迹，毫无疑问，这份信稿是他誊清的。于运深也说，信稿是他记录的，其中"对于久病要求退休者，则按退休干部处理"这一句话，是他对照林彪口述记录稿，发现李根清的誊清稿漏了这么一小段，于是由他添写上去的。

重见自己多年前的笔迹，引发了李根清更多回忆的思绪。李称，这封信出自林彪之口无疑，思想、语言、口气都是林彪的风格，如称陈伯达"是大坏蛋"，就与他"五一八讲话"所说的"王八蛋""坏家伙"如出一辙；"思想糊涂的人""冒险""冒险家"，也与"五一八讲话"所说的"糊涂虫""他们想冒险"几乎相同。又如称大军区一级的单位为相当于"中央局"，称南京军区、沈阳军区、济南军区为"华东、东北、山东（军区）"，也是林彪的一种习惯用语，就像毛泽东称黄永胜"参谋总长"一样。信稿的思想也是林彪的，实行"四不一要"这样重大的建议，只有林彪才敢于提出来，步步深入的批陈整风使林彪担忧一批党政军高级干部的政治安全和人身安全。再如，"我很想和主席谈谈。如主席什么时候有时间，请约我一谈。"除了林彪，又有谁还敢向毛泽东提出这样的请求呢？

笔者十分赞同李根清以上说法。笔者更注意到了林彪信中有关"乱命"的提法（注3）。林彪称，"不执行除主席以外的任何首长有关对中央和相当于中央局以上人员的捉人、关人、杀人等乱命。如果他们借口是执行命令而执行乱命，则其本人应受法律的严厉制裁。"林彪声称"除主席以外"，恐怕是语带双关的"客气话"，恐怕林内心所指，其实也隐含了毛在内。给毛本人的信函，用上"乱命"这样强烈的带刺激性的语言，在那个时候，除林之外，何人敢说？！

李根清对笔者称，2013年10月，他曾与于运深一起回忆，两人都记得，当时做了两份誊清稿。只是为什么搞了两份？个中缘由，怎么也想不起来了。现在看到了誊清稿的复印件，才豁然省悟——原来信稿誊清后，于运深发现漏了一小段，就给补上了。林彪给毛泽东的信件，是不应该有这样的修补文字的，李根清便又工工整整誊清了一

附录二：林彪1971年5月信稿辨析

份。于是，信稿就有了两份誊清件，一份可以送毛，另一份存底。

李根清回忆，林的信没有再交给他经机要渠道送出。于运深也这么说。没有送出的原因，据于说，叶群给周恩来打了电话，告诉他林彪信稿的意见，被周劝阻了。

笔者对李根清称，在毛家湾林彪住处发现的，仅有存底的这一份。那么，李、于记忆中重新誊清、可以送毛的另一份，到哪儿去了呢？李称"道不明"。

更重要的是，现在我们看到的这份誊清件，并没有林彪签名，没有署上日期。另一份信稿是不是签了名，经叶群通过另外渠道送达了呢？如果不是这样，中央专案组（注4）在向毛泽东和中央报告查抄到这封信的时候，何以能认定它是5月23日写的呢？笔者再三询问李、于，当年他们被审查时，有没有人问过这封信的产生经过？他们均答，肯定没有。这样，中央专案组在认定5月23日这一日期的过程中，必定要有其他的证据。

据此，笔者大胆假设：重新誊清的另一份信稿，很有可能最终由林彪签名并署上日期送了给毛。李根清称，他没有这样的印象（收、发、办文是李的本职工作）。但他说，也不能绝对排除另一份送了给毛的可能性。

无论这封信最终是否送到了毛的手中，林彪在信中所表达的对"有关党的团结和相当于中央局以上的安全问题"的担忧是明白不过的。这封信是林彪思想的明确表达，是林毛歧见的一份重要证明。5月20日，林彪已与周恩来谈过并要周"考虑和请示主席"，周极可能不敢隐瞒林的要求而随后报告了毛。因此，我们可以合理推断：不排除毛在当时已经知道林的这些想法，但没有理会林的建议，反而加紧了围剿林的行动。

注1：余汝信：《"林彪信稿"的本来面目》，载《炎黄春秋》2013年第5期，64页。

注2：指1971年5月中旬周恩来到毛家湾林彪住处后几天。

注3：乱命，悖谬的命令。典出《左传·宣公十五年》："魏武子有嬖妾无子，武子疾，命颗曰：'必嫁是。'疾病，则曰：'必以为殉。'及卒，颗嫁之，曰：'疾病则乱，吾从其治也。'"又冯梦龙《东周列国志》第二回："望吾王收回乱命，庶可免亡国之殃也。"李希圣《庚子国变记》："当伪诏命各省焚教堂杀教民，诸疆臣皆失措。李鸿章久废，居京师，方起为粤督。乃各电商鸿章，请所向。鸿章毅然覆电曰：'此乱命也，粤不奉诏。'"蔡东藩、许廑父《民国通俗演义》第十一回："老袁欺人太甚，既召他进京，又令他南返，不但失信芝祥，并且失信直人，这等乱命，我尚可副署么？"

注4：审查"林—陈反党集团"问题的中央专案组，经毛批准，1971年10月3日由周恩来、康生、江青、张春桥、姚文元、纪登奎、李德生、汪东兴、吴德、吴忠十人组成。在专案组领导下，设立工作机构，由纪登奎、汪东兴负责进行日常工作。

（见余汝信2016年9月1日博客，注释是原有的，原标题《林彪对毛泽东说"不"——林彪1971年5月信稿辨析》）

（二）一九七二年尼克松访华

尼克松访华（注1）是我国一件大事，总理召集我们搞接待工作的人，有好几十人，总理讲，美国是帝国主义最强大的头，尼克松是帝国主义的头，帝国主义是反共的，所以他是国际上反共的头子，本着什么指导思想接待？总理开始讲形势，讲接待工作如何重要，后来明确讲本着什么精神做好准备，做好接待工作。

总理讲，接待工作要不卑不亢，不要奴颜婢膝，一副奴才相；但也不要盛气凌人。总理提出的指导思想很重要，反映了中华民族的气质、品德。安全工作由解放军负责，包括陆海空军；尼克松的飞机经过上海到北京，怕蒋介石在这一段干扰、破坏，有空中安全问题，由空军负责；到北京，解放军就是指卫戍区，总理讲，北京就由卫戍区负责安全。

总理在大会堂召集会议，听取外交部汇报。乔冠华（注2）、韩念龙（注3）、王海容（注4）、姬鹏飞（注5）等参加，乔冠华汇报。他是外交家，讲我们刚欢送走一个友好国家的总理布托，现在又要接待美国总统；美国还霸占着我们的台湾，不算友好国家，要以示区别；为了以示区别，具体说就是：机场不通知外国使节欢迎，也不组织群众到机场欢迎，只检阅三军仪仗队，挂两国国旗、奏两国国歌；晚上的国宴，不挂两国国旗，也不奏两国国歌，以示区别。他讲时，总理在批阅文件，总理说，这样做，总觉得我们吃亏了；国宴不挂国旗、不奏国歌，尼克松的告别宴会也不会挂两国国旗、奏两国国歌，除此他再没机会了，这样我们就吃亏了；不通知外国使节到机场欢迎，也不组织群众欢迎，不是已经"以示区别"了吗？总理不是指责外交部不对，完全是研究、商议，外交部同意总理的意见。

尼克松去的地方，要照相、摄影，让不让？总理说，你只要让他去，就要让他摄影。总理讲得好，只让参观，不准照相，不是显得很小气嘛？总理考虑很周到。总理很注意宴会的菜，主要的菜是总理点的，选最好的厨师做。比如总理点了鱼翅、椰子鸡，还有好几个菜是总理点的。宴会上演奏的音乐由军乐团演奏，总理审查的很细，我们都跟着总理听。演奏的时候，总理让减少一个小提琴，再听，又让减少一个小号；减少什么乐器，增加什么乐器，总理不仅审查什么乐曲健康，连配器都管。好像是这一次，他问贾世骏（注6）的情况，有关人员说贾世骏没出来，还没解放，他说，贾世骏有什么问题？应该解放。贾世骏从此以后就出来了（唱歌的，男高音，是北京军区文工团的）。

值得一提的是，尼克松访华是北京最冷的时候，这一年北京下雪很大，我们准备了大半年了，下雪怎么办？总理布置后，我去找北京革委会管公交的陈尔东（音），让他从长春汽车厂订一百台解放牌车体，改造成扫雪车，很快就落实了。果然在尼克松访华期间下了大雪，正好是预定去八达岭参观（注7）的那天。

开始，有一台美国电视转播车上了八达岭，接着就下大雪，约有30公分厚。总理考虑下雪路滑，路上还有冰，汽车不安全，准备坐火车到青龙桥，再步行上八达岭；第二方案是坐直升飞机。总理打电话到处找我，我那时在钓鱼台到八达岭的路上来回跑，检查。总理找我，吴德找，杨德中（注8）也找，总理让杨德中找我，采石场不在，八达岭也不在，我在十三陵。因为尼克松参观八达岭后要参观定陵，也有道路问题。总理问我对这两个方案的意见，我说坐火车从青龙桥要走好几公里；坐直升飞机第一不安全，第二容量小，一架才能坐几个人；还是坐汽车好。总理问，坐汽车，路有把握吗？我说有把握。总理问安排，我说分三段完成，从钓鱼台到北环路进入昌平的路口是第一段，第二段到采石场，进入山路，第三段到八达岭；工序分四道，第一道工序用推土机把公路上的浮雪推到两边，第二道工序用扫雪车把剩下铺在冰上的雪扫掉，第三道工序用喷洒车喷洒25%的盐水，

（二）一九七二年尼克松访华

准备了150吨，喷洒盐水后路面上的薄冰就变成颗粒了，第四道工序再用扫雪车把颗粒扫掉，这样公路上即使有雪，也没有冰了，车辆可以正常行驶。总理问有把握吗？我说要求八点前完成，有把握。总理说就这样定了，坐汽车去。总理电话问了很多人，找李震公安部长，也在路上跑，管安全的，回答不了这个问题。后来吴德找到我，他怕我吹牛，怕没把握；我说有把握、没问题，我计算好了。第二天天亮以前都完成了，我去检查，路上车没有，人也没有，车都回到指定位置了，我就在昌平附近指挥所睡觉了。八点钟看到车队过去，我也没上八达岭，卫戍区管安全的邱巍高（注9）、曾绍东（注10）去了。我一夜没睡觉，太累了。

这条路，美国人很惊讶，怎么搞的？头天大雪，第二天公路上干干净净，既没雪也没冰，速度怎么这样快？用的什么方法？第二天尼克松参观的心情很好，总理也非常高兴。我这个人就是这样，计算好以后，有把握就说有把握，没把握就说没把握；打仗搞惯了，领导也经常问我这个问题。

经过总理纠正，国宴上挂两国国旗、奏两国国歌；尼克松的告别宴会也奏两国国歌、挂两国国旗。

到机场欢迎尼克松时，印象中穿军衣的就我一个。很多人问，尼克松走到我面前那样长时间，说了很多话，说什么了？翻译告诉我，他很赞赏我们的仪仗队，训练好，很有素质。

宴会上的音乐，尼克松很满意，演奏的好；美国的民歌，有一首曲子听着很熟悉，很好听，配器也很好，我问同桌的黑格，他说是"雄伟的亚美利加"（注11），演出的节奏比较慢，非常好听。

尼克松走时组织了群众到机场欢送，因为谈判很有成就。

这次尼克松访华，毛主席的战略考虑很高，非常英明。尼克松是帝国主义的头子，不是我们去美国，而是他到北京来，本身就表明是他有求于我。到北京的当天下午，尼克松急急忙忙、非常高兴地进中南海拜见共产党的头子毛泽东，这可以说是世界上革命和反革命的两巨头，更显示战略上是他有求于我。这样一来，世界形势马上就变了,紧接着就是田中访华(注12)。多少年来帝国主义对我们的封锁就不存在了,很多追随美国的也都和我们建交了,从此解冻了。我想,主席也是主张开放的,当然很难说是不是现在这样的开放,但他不主张闭关自守。尼克松访华的过程大家都知道,通过巴基斯坦总统叶海亚·汗传话,通过记者斯诺给尼克松传话:"可以秘密来,也可以公开来,坐上飞机就来了嘛!"后来基辛格就来了。所以这一着很高明。现在中国共产党、中华民族的形象很高大。

    注1:尼克松访华。1971年7月9日至11日,美国总统国家安全事务助理基辛格秘密访华,商定美国总统尼克松1972年春访问中国。1972年2月21日至28日,尼克松访华,离开中国前发表中美上海联合公报,标志中美两国关系走向正常化的开始。

    注2:乔冠华(1913.3—1983.9),新中国建立后,历任外交部外交政策委员会副主任,外交部部长助理,外交部副部长、部长等职。尼克松访华时,乔任外交部副部长。

    注3:韩念龙(1910.3—2000.6),新中国建立后,历任中国驻巴基斯坦大使,驻瑞典大使,外交部部长助理兼办公厅主任,外交部副部长等职。尼克松访华时,韩任中国外交部副部长。

    注4:王海容,生于1938年9月,父亲是烈士,祖父王季范是毛泽东的表兄;王海容大学毕业后到外交部工作,曾任外交部礼宾司副司长、外交部部长助理、外交部副部长等职。尼克松访华时,王任中国外交部礼宾司副司长。

    注5:姬鹏飞(1910.2—2000.2),新中国建立后,历任中国驻德意志民主共和国大使,外交部副部长、部长,中共中央对外联络部部长,国务院副总理兼秘书长,国务院港澳办公室主任等职。是中共十届中央委员。尼克松访华时,姬任中国外交部部长。

    注6:贾世骏(1930—2011.9),著名男高音歌唱家,北京军区战友文工团独唱演员,"文革"中曾被迫停止演出。

注7：八达岭参观。1972年2月24日，尼克松一行按预定计划参观八达岭长城；但一夜大雪厚达30厘米，而尼克松驱车赴长城时却一路都很干净，至今都在流传是北京市动员了八十万人连夜扫雪，吴忠道出真相。

注8：杨德中，见"九一三事件"注9。

注9：邱巍高(1922.5—2011.4)，新中国建立后历任解放军副团长、团长，中国人民志愿军团长，解放军师参谋长、副师长、师长，北京卫戍区副参谋长、副司令员兼参谋长等职。尼克松访华时，邱任北京卫戍区副司令员。

注10：曾绍东，见"九一三事件"注27。

注11：此处吴忠记忆有误，欢迎尼克松的国宴上演奏的美国民歌是尼克松所喜欢的《美丽的亚美利加》。

注12：尼克松此次访华后的1972年9月25日至30日，刚刚上任的日本首相田中角荣访问中国，并实现了中日邦交正常化。

（三）一九七六年的天安门事件

（小标题是整理者所加）

一、事件的诱因是悼念周总理逝世的规格

天安门事件（注1），可以说，事件的诱因被搞得很复杂，到现在好多人不清楚。我比较清楚或者相当清楚，说完全清楚也不是。

天安门事件的诱因就是周总理逝世（注2）后悼念的规格。

总理逝世的当天早晨，8341部队的一个同志曾凤（音）给我打电话，说总理去世了，现在心情非常沉重，要我马上去医院。我赶到北京医院，这时总理遗体并没有放在遗体告别的太平间，而是放在里面的房子里，正给总理理发、刮胡子、刮脸；这时人还很少，主要是医院工作人员。大家光流眼泪，谁也没说什么话，人不多。后来穿衣服，邓颖超（注3）同志到了，给总理穿旧衣服。从遗体告别到火化，总理都是穿过去喜欢穿的旧衣服，这是邓颖超同志的意见。穿好衣服后送到遗体告别的太平间，我就回来了。

先回到家，告诉孩子不要弹钢琴，也不要看电影，娱乐活动一律不要搞，唱歌也不要搞，不要嬉皮笑脸，孩子很自觉，家庭的情绪一下子低沉下来了。后来我就到了机关，召集机关、师级干部师长、政委，告诉了总理逝世的情况，讲情况时我也说不出话来，勉强说下去，全场干部都哭了，非常沉痛。

筹备总理追悼会的工作。遗体告别在北京医院太平间，我的感觉不舒服，位置不好，什么人病故了也是放在那里等遗体告别，总理遗体告别是不是可以不放在那里？当时我想过这个问题，感到放在北

（三）一九七六年的天安门事件

京医院太平间不够规格。我问过总理的秘书周家鼎（注4）同志,过去国家领导人遗体告别在哪里?他说在太和殿,劳动人民文化宫。我想应该在比较宽敞些的地方,劳动人民文化宫,太和殿啊,或者人民大会堂啊,为什么不可以呢?庄重得多,比北京医院庄重得多嘛。在这个地方遗体告别,不够隆重。总理遗体告别为什么不可以在人民大会堂?

后来在追悼总理的问题上,全国各地,大小单位,都想在自己单位设灵堂悼念总理,是群众自发的,但从中央来了一个精神,不让各单位搞,劝阻群众不要在单位设灵堂悼念总理,我们心里不舒服:群众在单位设灵堂,自发悼念总理,怎么不可以?又有什么不好呢?这样对群众的教育不是更深刻吗?你在人民大会堂悼念总理,你在北京医院遗体告别,各单位来的人很有限,摊不了几个人,才三四个人,就是几万人也不行啊,北京八百多万人哟!你当代表参加了总理追悼会,我呢?群众都想参加总理追悼会,都到北京不可能啊,自己单位设灵堂悼念总理,这不是很好嘛!不晓得是来自中央什么人的指示,很不理解。各单位要设灵堂,可是遭到干涉,干涉来自中央,中央怎么考虑的,为什么在总理逝世的规格上有这个讲究,当时不理解,现在也不理解。毛主席是说了话了还是没说话,说了什么话,根本不知道。对毛主席,我当时有这样一个不理解的地方:总理病重时,我没有听说毛主席去探望总理;但是毛主席把他家的沙发送到总理那儿,这个沙发大,让总理坐得舒服些。但没听说毛主席去看望总理,我的印象中没有,要是有我怎么不知道呢?

总理的遗体告别毛主席没去,追悼会毛主席也没去,我感到很不理解,毛主席应该去。陈毅（注5）同志去世,在八宝山开追悼会毛主席去了,影响很好。陈老总在文化大革命中受到委屈,他逝世了毛主席参加追悼会,表达了毛主席对陈老总的感情,群众反映非常好,对死者也是很大的安慰。其实过去的元帅去世,比如罗荣桓（注6）,毛主席是参加追悼会的。总理逝世后,主席没有参加遗体告别,没有参加追悼会;总理病重,也没听说主席去看望过,当时我就很有想法,这是为什么？是毛主席的病重啊，还是什么原因？主席身体不好是事实，是不是有人劝主席不要参加，就不知道了。但我总感觉不好，总感觉应该参加总理追悼会。你说病重，可是总理逝世以后，毛主席还不断接见外宾呢？不是一次接见，是多次接见外宾。既然可以接见外宾，为什么不能参加追悼会？不能参加遗体告别？这是我很不理解的事。这是当时的感觉，把我的心情搞得很复杂。

规格受到限制，是从哪里来的？反正是中央来的，群众很不满意，不光是北京市的群众不满意，全国人民都不满意这件事。这是群众很不高兴的一件事。人民群众这个不满一直受到压抑，一直积压着，就酝酿着清明节在天安门广场、烈士纪念碑前大规模的悼念活动，所以群众就等到清明节。清明节一到，群众是一定要搞大规模的悼念总理活动。实际上通知不让搞，群众还是搞了很多，自己单位里设灵堂啊，甚至于几个人设一个小灵堂悼念总理的例子也有。群众的情绪很大，感到倍受压抑，就等清明节啊。

二、中央要求劝阻群众送花圈

清明节就要到的时候，北京市各大单位都在做准备工作，北京的人都知道，都在准备，准备花圈啊，街上白纸都不好买了，做花圈，脱销了；预料到了，群众一定要搞大规模的悼念活动，各单位群众都在做花圈，花很多钱，群众自己拿钱，不是公家拿钱，花圈做得非常讲究。群众准备在清明节到天安门广场，纪念碑这个地方，对总理举行大规模悼念活动，怀念周总理。各个单位，各个工厂，各级领导与群众的情绪是完全一致的；部队的干部、战士、机关，也是这个情绪，我个人情绪也是这样，感到清明节群众扫墓、悼念总理有什么不好呢？总理在国内外影响很大，我个人很赞同悼念总理，追悼会做得不够，清明节让群众做得更充分一些有什么不可以？

群众从四月一号就开始陆陆续续送花圈，不是清明节那天才开始，天天不断，越来越多。这时北京市吴德（注7）、倪志福（注8）

(三) 一九七六年的天安门事件

从政治局开会回来，传达中央精神，要劝阻这件事。吴德召集几个书记，我也参加了这个会，书记也不一定全，传达上面的精神，他也没有说中央是哪个讲的，只说中央的精神是劝阻，劝阻群众，不要把规模搞那么大。吴德同志布置，要我召集各口讲话，通过各级党组织布置下去，要各级党组织做工作，劝阻群众不要送花圈到天安门广场，不要在天安门广场举行悼念活动。

当时我一听很犯难，我说这个会议我不召集，我不讲，你叫倪志福、丁国钰（注9）同志讲吧，一、二、三书记不讲为什么让我讲？你们召集呀，我分管的是政法系统，专管政法啊，拒绝了。吴德没勉强我，布置丁国钰同志去召开这个会议，让丁国钰去讲。丁国钰同志在这个会议上讲了四条，说总理健在的时候，讲过清明节是鬼节等等。群众对这四条很不满意，抓住丁国钰讲的四条不放，其实哪里是丁国钰的？是上面布置下来的，也不是吴德一个人的。我要去讲，群众还不抓我这四条？我没去，他又给我布置另外的任务。

吴德要我布置值勤的警卫战士、公安人员、值勤民兵，如果花圈送到天安门附近，要劝阻一下，劝群众拿回去，不要放到纪念碑。我一听更不对了：群众把花圈送到天安门的附近，他能拿回去吗？给值勤的警卫战士、值勤的民兵、值勤的公安人员布置这个任务，他们要当任务去完成；群众把花圈送到天安门的附近，你不让他往纪念碑那放，不让他进天安门广场，群众愿意？群众把花圈都扛到天安门附近了，值勤的战士、公安人员和民兵动员他们扛回去，能扛回去吗？不可能的，群众气大得很，战士、警卫人员劝阻，他非要送，那是非送不可的，这不就冲突起来了吗？你制造群众和警卫战士、公安人员、民兵发生冲突的任务，完全可以避免嘛，为什么不避免而让他们冲突呢？这是完全在预料之中的事情嘛！我布置的任务，他就要执行任务，群众气大得很，非送不可，要这样搞，冲突多大规模就不好说了，打起来都有可能。我说不能这样布置，当场拒绝了。我说群众把花圈既然扛到天安门广场附近来了，能扛回去吗？你动员他会听吗？不会听的，这就非冲突不可，不能那样做。你让警卫战士劝阻的话，那还不如让各单位党组织劝阻，要各级党组织动员群众不要送花圈，他不送，不到天安门附近来，那我就不存在让战士劝阻的问题了嘛！只要送到天安门附近，就不能劝阻，只能协助群众把花圈安放好，排列好，保护群众安全，防止外国人搞破坏活动，防止坏人破坏花圈。当时吴德同志再没说什么，也没勉强我，也没表示异议。看样子他理解了我的话。

对警卫部队、公安人员、值勤民兵布置时，我要求：群众送花圈，你们第一要保护群众安全；第二要协助群众把花圈放好，安排的有秩序、不乱摆，协助群众整整齐齐摆好；第三要注意外国人的活动，防止外国人趁机搞情报、摄影，随时与公安局取得联系，制止外国人的违法活动，公安人员要注意，值勤的战士也要注意，看到以后要马上和公安人员取得联系，让他们来处理；第四就是保护花圈的安全，防止坏人放火把花圈烧掉，制造政治上的混乱，也发现过有汽油一类的物品。我就是这样布置的，记录在案的，没有说劝阻群众送花圈。布置以后，群众送花圈就没有障碍了，没有人劝阻，排列好安放好，秩序很好，一点都不乱。

纪念碑摆满了，广场摆满了，一直摆到灰观礼台，也摆满了，再送往哪放呢？和倪志福研究，把红观礼台开放。红观礼台也摆满了，不存在群众送来花圈没地方放的情况，群众很满意，在红观礼台上很醒目，很壮观。过去"五一""十一"，高级领导人上天安门，军级干部、省军区司令上不了天安门，就在灰观礼台，兵团级干部进红观礼台，群众都知道，所以花圈摆上红观礼台，特别高兴，喜笑颜开，警卫战士的态度也非常好。

三、政治局改变决定提前收花圈

花圈很壮观。四月一号送花圈的还不多，三号、四号、五号多，一方面是送花圈的多，看群众送花圈的人也是川流不息，看花圈上写的字、诗词，有的发表演说。诗词也很复杂，绝大多数是悼念总理的，

（三）一九七六年的天安门事件

歌颂总理、怀念总理的诗词；也有一少部分、不是很多，骂四人帮（注10）；也有极个别的，影射、攻击毛主席，极少，极个别。再一种情况，确实有一小撮，混到群众中乱来，他不是悼念总理，而是打人啊，起哄啊、鬼叫、口哨啊，不成个腔，有一天晚上，不记得几号了，一群小流氓，说是打小偷，把一个小孩打得满嘴吐血，我们派几个公安民警和战士进去维持秩序，把小孩抢出来，问他你是哪里的，小孩光会张嘴说不出话来，鼻子流血，嘴流血，这个小孩是不是小偷？很难说。就是小偷也不能乱打，是被流氓打的。他们起哄、乱叫，往空中扔帽子、扔自行车，人抬起来往上扔，胡闹，小流氓捣乱。另外，也确实有坏人，抓住的也有。越狱逃跑出来的，刑满释放的，有骂毛主席的。特别是晚上，我们怕把花圈搞坏了，烧掉了就麻烦了。

花圈最多的时候是四号清明节。红观礼台四号才摆满。四号白天秩序井然，到晚上确实有一两个人，在纪念碑西南角，离我们小红楼一百多公尺，我看的很清楚，在那里演讲，公开骂江青（见注10），周围的人越来越多，围的水泄不通，周围的人用手电照着，骂江青嗓子都哑了，我们没有向上面反映情况，也没有派人去抓，老实说骂江青的人我还真不愿意去抓他。江青仗势欺人。我到北京以前在四十军；1968年以前，她在一次会上公开讲，谭震林（注11）同志是大叛徒！我很反感，谭震林同志是不是叛徒，你有什么资格讲？权力是中央嘛，中央作出决定，中央来传达。你不就是毛主席的老婆，有什么了不起？刘振华（注12）是四十军政委，他就说，毛主席呀，你把老婆弄出来干什么？起什么好作用？破坏毛主席的威信。江青这个人，我讨厌，仗势欺人。所以没派人去抓骂江青的人。

后来，人民日报的鲁瑛（注13），写了一个条子送到在人大会堂开会的政治局，说天安门广场有两个人骂江青，周围很多人，水泄不通，嗓子骂哑了都没人管。江青在政治局会上暴跳如雷，倪志福参加会议回来讲：江青指着陈锡联（注14）说"你是司令"，指着纪登奎（注15）说"你是政委"，"还有北京的那个二吴（按指吴德、吴忠），我们中央的安全究竟有保障没有？"中央会后，吴德给我打电话，说天安门广场有两个人骂江青，嗓子都骂哑了没人管，要立即抓起来，要放跑了拿你吴忠是问！我们相处这么多年，吴德从来没用这样的语气和我说过话。我想这是政治局的意思，不是吴德个人的意思，吴德个人的意思对我吴忠使这么大劲干什么？要拿我是问！我听了有点反感，但要执行啊！接电话后，我就派公安局副局长、指挥部的管纪江（音）去执行这个任务，让他带几个公安人员，卫戍区值勤的戴上袖标，维持秩序，掩护一下，把那两个人抓起来。管纪江带了十来个人出去不久，吴德、倪志福就坐车到我的小红楼来了，在楼下碰到管纪江抓的两个人正往车上放，吴德问是不是这两个人，管纪江说是；吴德、倪志福上楼来告诉我那两个人已经抓了，然后吴德打电话到大会堂向政治局汇报，这件事情就算了了！

但是，人民日报鲁瑛写的条子送到政治局，江青暴跳如雷；张春桥（注16）强调十二点已过，清明节过了，可以收花圈了，把政治局已经定下来的六号收花圈的决定推翻了，四号当天晚上就收花圈。把政治局原来已经确定的六号收花圈提前两天，这是造成天安门事件的直接原因。

据倪志福同志讲，那天晚上政治局本来有个收花圈的议题，已经讨论过了，六号收花圈；如果六号收花圈，天安门事件肯定不至于发生，群众也是要求花圈放到六号，总是要收，不能老放在那儿。议题已经讨论过，通过了，一致意见是放到六号。江青这一大发雷霆之后，张春桥一看手表，说现在已经十二点了，清明节已经过了，可以收花圈了！这样就把已经通过了的六号收花圈的决定推翻了。华国锋（注17）主持会议，你也不说，已经决定了的问题嘛！晚上收了花圈，早上群众一看没了花圈，矛盾就大了嘛！为什么不说这个话？也不知道参加政治局会议的那些老同志当时有没有发表过这样的意见。将近一点钟，吴德回来布置收花圈，我一听就说，不能这样搞，群众第二天一看没花圈，矛盾就大了；他说，啊呀，政治局已经决定了，是执行问题。我说，北京市这样搞，非搞成猪八戒照镜子——里外不是人！当时我就是这样说的。文化革命中这样的事见多了，中央搞了个八条

（注 18），允许定反动组织，北京定了联动、红旗军，还有一个全联总是反动组织。其他的地方，桂林、沈阳、福建也有；我们那时讨论，打砸抢的，海军红联总支持的锦州那一派，海军 XX 的一派，和沈阳军区步兵学校一派，就是反对我的一派，在锦州定了三个反动组织。可是安徽的五条（注 19）出来，说定反动组织是打击了造反派，我和刘振华两人给人家平反，道歉，还好，群众接受了。后来北京天派地派（注 20）派了人说，你们上了吴忠的当了，又来静坐绝食，搞的一塌糊涂。中央文革伸出手来说打击了造反派，他来团结打砸抢的家伙，我们是保守派，把我们置于受批判的地位。我的意思是告诉吴德同志，这个东西搞不得，四人帮要夺你北京市的权，他可以用这个办法，你去压群众，把花圈一收，群众不干啊，群众对北京市不满意啊，你北京市收的花圈啊！群众起来一闹，他再出来像文化革命那样搞，他来团结群众，你还有什么资格领导北京市？你就靠边了，收不起摊子了嘛，权就被夺了，换成他的人了。我当时是这样想的，吴德也理解我的意思，完全理解。我说这样的例子我见多了，你跟群众矛盾起来了，你把群众得罪了，群众群起攻你，他来团结群众，把你置于受批判的地位，你还有权领导？我的意思是这些人这样搞是不是想夺北京市的权？吴德懂我的意思，他说，……大家都说放在六号好，你也建议了，放在六号好，丁国钰也是这样，都知道四号晚上收了花圈，5号早晨群众一看没了花圈，意见大得很，非闹事不可，这是明摆着的，完全可以预料的，怎么会平静呢？吴德说，中央已经决定了，现在是执行问题，派车吧，北京市派一百台，卫戍区派五十台。我就把后勤部长找来，他说能派，我也管不了，收就收去吧！

四、群众要求还回花圈引发冲突

这时，陈锡联同志召集会议，要我和吴德去参加，吴德是卫戍区第一政委啊！我一到大会堂福建厅，政治局会议已经散了，吴德、纪登奎在那里，看到陈锡联、纪登奎同志，这两人的情绪非常不好，我也不知为什么，口里嘟嘟噜噜地说着一句什么话。到了那里以后，有秦基伟（注21）同志，印象里有梁必业（注22），陈锡联是主持军委工作的，还有我、有吴德，陈锡联讲了两件事，第一讲情况，说南京、成都、太原、重庆，是发展的趋势，南京不是群众游行吗？保定很乱，保定离首都很近，对首都威胁很大，意思是说事态在发展；第二，凡是调到北京境内的部队，统一由吴忠、卫戍区指挥，部队往北京调由军委下命令，命令由军委下，只要进北京境内就由吴忠、卫戍区指挥。

我和吴德回来，路过天安门广场，天已麻麻亮，还没有大亮，花圈还没有收完。我回家睡觉，还没有睡着，警卫处副处长张冠金（音）打来电话，说王洪文（注23）到了小红楼；我听了没说马上去，也没说让张冠金记录有什么指示，继续睡觉。前几天碰到张冠金还说起这事，他说没错，我没说去，也没让他记录。要是换个人还要分析，比如陈锡联到了小红楼，我保证去；要是华国锋到了小红楼我还要考虑；王洪文到那儿，我还真不去。那天晚上我也没怎么睡，迷糊了一会儿，快到八点钟，我估计情况很严重了，得出去看一看了。

八点钟的样子，我到了金水桥前的华表位置，国旗杆的地方，一看纪念碑的台阶上，站满了穿黄军衣的战士，个子又高，四面人墙，黄军衣，我感到很难看，搞四面人墙干什么？我就到纪念碑台阶上，曾绍东同志在那里，是管警卫的副司令，我说老曾啊，我看了非常难看，赶快撤掉。他说，送花圈要往纪念碑挂呀，我说你让他们挂啊，悼念总理嘛，纪念碑台阶守着干什么，又不是阵地，赶快撤了，群众影响不好。他就撤了。

这时公安局的宣传车、广播车已经被群众推翻。接着群众涌到大会堂东门，人很多，要花圈，把警卫团的一个参谋也打伤了，我留下来处理。电话很多，刘坚（音，大会堂负责人）的电话，说紧张得很，参谋也打了，怎么办？告急。汪东兴（注24）也打电话，说群众冲大会堂东门。一会儿，张耀祠（注25）打电话，说吴司令啊，大会堂情况很紧张，你要保护大会堂的安全。张耀祠的电话引起我很大注

(三) 一九七六年的天安门事件

意：他是中央办公厅副主任，我知道张耀祠在中南海，他一直在毛主席跟前，实际上就是毛主席的大警卫员。他在毛主席身边，是自发给我打电话，还是毛主席知道了情况要他打的电话？但他没说是毛主席让打的。我想，恐怕毛主席知道了。于是就找马小六（注26），动员民兵维持秩序，让群众下来，不要把冲突扩大。民兵出去，一点反应都没有，民兵的情绪和冲大会堂东门的群众的情绪是一样的，让他们动员冲大会堂东门的群众下来，一点效果都没有，我们不能让民兵强制往下拉呀！一是民兵可能动员了，劝说，群众不听；另外民兵也不卖力气去劝说，情绪是一样的嘛！我一看一点效果也没有，人越来越多，广场越来越乱。我回到卫戍区礼堂，把管警卫的一师、二师领导找来，曾绍东也反映这个情况，邱巍高副司令也反映这个情况，当时一师、二师的机动力量都用上去了。

事态继续发展，警卫一师、二师维持秩序已经没有能力了。他们站岗、放哨的部队已经展开，卫戍区站岗放哨的部队十一个团，本来机动力量就很少很少，维持不了这个秩序。研究从城外警卫三师、警卫四师调一部分部队进城来维持秩序。这时吴德来了，还有杨俊生（注27）同志；吴德主持我们几个在场的副司令、副政委开会研究，是否调三师、四师进城，不进城维持不了秩序。然后向军委报告。吴德同志要我给主持军委工作的陈锡联打电话，我不通过秘书，直接给陈锡联同志打电话，说警卫一、二师机动力量都用上去了，但事态一直在发展，冲东门的情况还没解围，我们研究调三师、四师的部分部队进城，维持秩序，都是徒手。陈锡联同志同意，说可以调三师、四师部队进城，调多少，你们和吴德同志研究。做好计划后，分三批调进五、六千人。但冲东门的问题还没解决，你不能往下拽啊！几千民兵维持秩序，也没法制止，这一天群众不是送花圈了，是要花圈，把花圈搞哪儿去了？汪东兴打电话来，问什么时候能解决冲大会堂东门的问题，我说下午两点吧！组织力量还要时间……，两点后还没解决你再找我。其实不到十二点就解决了，一个日本人在里面照相被发现了，群众把照相机夺过来，拉出胶卷曝光，打他，日本人往历史博物馆跑,群众"哗"就冲向历史博物馆,大会堂东门就没人了,就这样解决了问题。有人说:花圈在中山公园,群众又涌向中山公园了。

五、一伙小流氓闹事烧车烧楼

后来情况发展越来越厉害了,确实有一伙小流氓,砸汽车;中午给公安、民警送包子馒头的车,车被搞翻了,包子、馒头洒得满地,还有人叫好,这伙人越闹劲越大,接着烧汽车,一下子烧了四辆汽车,是民兵指挥部的、公安局的,在小红楼指挥部停着的;自行车就烧得多了,踩扁、砸烂。以要花圈的名义,翻汽车、烧汽车,群众能赞成吗?当时群众就有议论,烧汽车这不对呀!接着又往指挥所小红楼扔砖头,砸玻璃,把自行车零件拆下来往上扔;楼下是一家老百姓,他们把老百姓家的煤气罐搬到门口,打开煤气罐点火,把小红楼的门烧着了,烧自行车、烧汽车,接着就烧房子。这个小红楼是警卫一师十三团第三营的营部,第九连驻在这儿,连部、营部,一个连的部队,担任天安门广场警卫任务。煤气罐一烧,小红楼的门烧着了,楼就也烧着了。小红楼二楼是洋灰地,烧着不容易,但烟子呛得够呛。这时有卫戍区的曾绍东、邱巍高,民兵指挥部的马小六、张世忠(注28),还有公安局的一些同志在。曾绍东向我报告楼烧着了,楼口上烟雾很大,虽说底下着火,楼上的人很沉着,没有乱动,玻璃都砸光了也没有乱动,继续在楼上坚持。如果火烧上去,楼梯一烧,楼上的人下不来,会把指挥部的人烧死;我直接打电话请示华国锋,说指挥部楼已烧着,要撤出来继续工作,华国锋批准撤出。军队的习惯,指挥所转移要向上报告,我直接报告华国锋,他同意了。我就给曾绍东同志打电话,要他撤出来。华国锋同志还向我问一个问题:冒白烟的是什么?我说看不清楚,不知道。我在卫戍区机关,隔着公安部、历史博物馆,怎么能看见呢?他们在人大会堂看得清楚。我说会不会是烧汽车轮胎、自行车轮胎冒白烟?华国锋说不像。我让曾绍东撤出去,要历史博物馆警卫三师的一个营,胡世寿(注29)同志带的这个营,胡世寿当时是副师长,我让他掩护指挥所撤出去,维持秩序把群众隔开,清一条路让指挥所撤出来。胡世寿这个营出去了,围着小红楼把群众隔开,曾绍东他们是从厨房的窗户那面墙撤到邮电局里面去了。这时楼上不知怎么搞的还有个卫生员,卫生员打了一次电话。后来他们报告,有些人上了二楼,抢东西,抢武器,搬武器弹药,卫生员报告的情况。我告诉胡世寿把楼围住,不让这几十人跑掉。他们上了楼就抢东西,把抢来的东西捆的一大包一大包地揞下来,下来一个抓一个,他们还偷了一只手枪。着火的时候就告诉小红楼的人把武器弹药拿下来,不要被烧掉。指挥所撤下来以后,那些上楼的人不能叫他们跑掉,这不是对曾绍东讲的,是给胡世寿讲的,这时曾绍东已经不在指挥所了。这二十多人就是这样抓的,二十八个,战士们非常熟悉这二十多人,说烧汽车、翻汽车、烧房子就是这些家伙,不知道名字,但就是他们,可抓住了。小红楼那28人,叫公安局审查,他们烧自行车、烧汽车、烧楼,抢东西都是他,打了一天交道了,名字不知道,但就是这些面孔,留着八字胡,穿着胶鞋,一看就是小流氓。

这二十多人抓了,但是直到天黑,广场上的人还很多。

六、政治局决定包围天安门广场

这时毛主席有指示了,传达了毛主席的话,毛主席说,又打、又砸、又烧,性质变了。华国锋当时在大会堂。吴德同志回来传达的。

到下午四五点钟,中央要吴德讲话,用有线广播,吴德让刘传新(注30)起草,吴德修改后送中央,据吴德讲,毛主席看了,批示说照办。退回来就在广场的有线广播上广播吴德讲话。五点半开始广播,让群众离开,不要上坏人当。这时群众很多,有的听了很反感,"我来广场,哪个坏人给我任务了?"看这个架势,是要抓人了,很反感。天快黑了,吴德讲话过了很长时间了,吴德从政治局开会回来;政治局开会决定镇压反革命,包围天安门广场,抓坏人。开会时就从大会堂打电话调动民兵了,据吴德讲,开始王洪文说要调二十万民兵，最后确定调十万，实际落实的不到五万。吴德回来传达中央决定，民兵十万布置在中山公园、劳动人民文化宫，公安干警布置在现在毛主席纪念堂的位置和西交民巷，卫戍区的警卫部队也参加，还是上午维持秩序的那个部队，布置在历史博物馆，小红楼周围。行动时间是八点半。

镇压是中央决定，还有毛主席的话，八点半开始。考虑到卫戍区礼堂看不到天安门广场的情况，还不如政治局了解情况及时，他们在人大会堂一窗之隔，看得清楚。这时政治局有多少人在人民大会堂，我不清楚，我知道陈锡联在那里，他老给我打电话，其他哪些人在不知道，华国锋可能在，四人帮什么人在不知道。吴德同志对我说，你到历史博物馆，就近观察情况，部队八点半行动，由你来通知。我不就成了现场指挥了吗？

我带了王秘书，穿过隔离带到了历史博物馆，博物馆领导安排我们在二楼（或三楼）一个有电话的地方。我是打着手电筒从公安部过去到历史博物馆的，警卫一师指挥所也在历史博物馆，田占魁同志（注31）也在那里，我先到田占魁的指挥所了解情况，一看人很多，接着上楼找到看得清楚、有电话的地方，我的指挥所就在这里，王秘书一直在这里，我有时离开也不远。

七、斗胆把包围广场时间推迟两个半小时

八点半钟快到了，广场上人很多，开灯是八点半前。政治局研究时，开灯是王洪文的意见。开灯就是要采取措施了，让群众离开，减少人数。开灯和吴德讲话，都是为了执行八点半包围广场的措施。

广场的最大容量是四十二万人，我看到广场密密麻麻，是几十万人，绝对不是几万人，不能动，四面包围非踩死人不可！我想回卫戍区礼堂给吴德同志提建议推迟时间，又一想，八点半是中央的作战命令，我去提建议，书记在场的有丁国钰、倪志福、杨俊生等同志，吴德主持会议研究，能做出一个决定推迟时间？不执行中央的八点半、

(三) 一九七六年的天安门事件

执行北京市委推迟时间的决定，吴德做得到吗？做不到！讨论的结果很可能是坚决执行中央决定，提这样的建议还不如不建议。你建议了，也讨论了，请示了，报告了，决定是坚决按八点半执行，你还敢推迟啊？我一想，干脆谁也不请示，谁也不报告，就是不动。

我派警卫一师的副师长张志民（音）同志看看广场还有多少人，一看不得了，还是人很多，什么时候人才能减到最少的限度呢？我想只能推迟到十一点，十一点是北京市公共电汽车的末班车，你不离开广场就回不了家了。

果然，十一点以后，广场上看不到多少人了，我又派张志民同志再去看一看，黑暗的地方看仔细点，不要出动时一下又出来几千人就麻烦了。他回来说，确实没有了，只有纪念碑台阶上坐着一圈人。八点半到十一点之间，陈锡联同志给我打电话很多，说你怎么不动啊？广场上没什么人啦！我心想，你要广场那么多人干什么？我想减都减不下去呢。我认为他在说胡话。那天我去倪志福同志处，倪志福同志说华国锋不满意，说"人都跑光了！"我就不明白，他们要那么多人干什么，就没想到人多会踩死人吗？我看是没想到。

十一点以后通知部队、公安、民兵出动，我跟着卫戍区部队包围纪念碑台阶的人，这时中山公园和劳动人民文化宫的民兵还没过金水桥。我也来到纪念碑台阶下，没见到打人，要有我会制止。我问刘传新和公安局其他同志，你们清查，查到多少人？他们说查过了，不到150人，怎么处理？我说两条，第一、什么人留下审查？带凶器，带反革命传单的留下审查，第二、未带凶器、未带反革命传单的问清单位，打电话查对清楚确是该单位的人，要单位领回去，或天亮前放掉，有事找他，没事就算了。公安局如按我的两条处理被围的人，要是一个带凶器的也没有，一个带反革命传单的也没有，就一个也不能扣留。至于公安局后来留下审查的人，不到50人，是不是带凶器、带反革命传单，我就不太了解了。但我规定的是这两条，我的意见是，没有理由说围住的人，围在纪念碑台阶上的，就是坏人，凭什么说人家是坏人？带凶器、带反革命传单的，是嫌疑，要审查；就是平时在百货大楼，碰到你身上带一把刀，公安人员也要把你叫到一边，问你带刀干什么？何况镇压反革命。我认为这样一过滤，筛减一下，人就少了；纪念碑这几个人，你就蹦八丈高也踩不死人。这样我们缩小了抓人的面，不能不问青红皂白，围了人就抓、就关，那不对。

还有就是，我布置把汽车被烧的残骸赶快拉走，天亮前拉走处理掉，现场打扫干净；小红楼赶快修好，油漆好，恢复，要马上进行，恢复得比原来还要好看。布置完后吴德打电话，我说不到150人，报告了两条处理办法，吴德听了后说好，就这样执行。如果吴德有新的意见，我还可以再按他的意见办。为什么汇报那两条处理意见？我可以先问吴德，困住的150人怎么处理，他可以随便答复，"不要放走，审查清楚了再放走"，他要这样说就全部留下来了。我决定的两条不是全部留下，不是不问青红皂白，是筛减。

刚搞完回到卫戍区礼堂，政治局打电话通知，要吴德、倪志福去开会，他们是政治局委员，吴德要我和刘传新二人也参加，可能是他报告政治局要我二人列席会议。走到门口，吴德同志说，唉，时间搞晚了，这问题汇报时怎么解释一下。我们统一了口径：这是礼拜天，民兵集合得晚，挨家挨户叫，所以晚了；另外，车开出来，到处遇到红灯，车队七零八落，到的晚了。吴德说好。其实我准备了腹案；推迟了两个半小时，我不考虑还得了？

他们上车走了，我找我的司机大李，他到市革委会地下室吃夜餐去了，结果晚到十分钟，但会议还没开始，也可能是等我，反正还有其他人没到齐。毛远新（注32）做记录。我到了后汇报就马上开始，叫刘传新汇报，他讲得比较长，详细汇报，他汇报完后吴德同志问我有什么补充，我讲了三个事情，第一就是解释怎么晚了，说今天是礼拜天，民兵集合要挨家挨户叫，再就是车队出来到处碰到红灯，车队七零八落，还有的走错了路，耽搁了；王洪文就插话，应该搞个标志，车队出来处处开绿灯车队就不会散了。我接着讲，到得早的民兵也有，市财贸系统民兵，有几千人，但这部分民兵绝大部分是女民兵，执行这样的任务有困难，我把情况主动做了解释，也没有追问我。第

(三)一九七六年的天安门事件

二讲烧汽车,烧房子的十几个人抓住了(当时还不知道有二十多人),是一伙小流氓,张春桥说是流氓犯罪吗,我说当然,烧房子烧汽车是犯罪。还讲了一件什么事记不得了,好像讲了三件事,很短。

后来江青、王洪文几个人讲,搞什么水枪,往脸上喷啊,外国警察不是用水龙头对付群众嘛,七嘴八舌。我一去就看华国锋不大高兴,不理睬我,我也不在乎。这天晚上就这样结束了,并没有打死人,打伤人可能有,但我在纪念碑那里没听到打人唧哩哇啦叫,相信拳打脚踢会有的,为什么?公安局老毛病,抓住小偷先揍一顿,我经常批评他们不能这样,是不是小偷你没搞清楚,怎么能打呢?打人、打伤人,不是那天晚上,是一号、二号、三号、四号,公安人员盯梢,有说反动话的啊,群众也搞不清楚,和公安人员冲突,打起来;五号晚上包围天安门广场,民兵打人我不相信,民兵没赶到,来的时候已经围完了,他打谁?另外民兵的情绪叫他打也不打,因为民兵不满这件事。

八、天安门事件绝对没有打死人

天安门死人的事我很清楚。5号晚上绝对没死人,我一直在现场,跟在包围纪念碑部队的后面,完了后我站在纪念碑台阶上布置任务,没听到打人。后来传闻很多,什么血流成河啦,用喷洒车冲洗血迹啦,用去污粉擦纪念碑台阶啦,有的说用煤油桶把尸体拉到上海去火化,很多。有的说打死了陈老总(注33)的儿子陈小虎,有的说打死了朱老总(注34)的孙子,传遍全国。一号、二号、三号、四号没打死人,很清楚,五号我在现场,没看到打死人,也没听到打人的声音,民兵还没接近,这里已经解决问题了,纪念碑台阶就那么大,我很有把握,绝对没死人。

一九七七年三月份的中央工作会议,吴德同志让我发言,我认为全国议论那么大,说死了那么多人,我是现场指挥,有责任辟谣。发言稿经吴德修改后,在三月十七号的华北组会上发了言,徐帅(注

35)、廖承志（注36）参加我们组，邓颖超（注37）同志参加我们组。

在发言中，我郑重申明：天安门事件一个人也没死。为什么有这个把握？因为我在现场，很清楚。说血流成河、用去污粉擦洗台阶；我派的，要环卫局派车来冲刷，台阶很脏，用去污粉，又是油漆、又是面包，有些地方还有粪便似的，花圈上的颜色水也很多，所以要用去污粉，是我布置的。如果真的死了人，血流成河，我不相信记者、北京市、中央、公安部，没去找喷洒车的司机做调查，我不相信！是调查过的，他不可能不去找用去污粉擦台阶的职工，哪个职工证明，看到台阶上都是血？张三、李四，有这样的职工吗？环卫局开喷洒车的司机，哪个证明喷洒车冲的都是血？有这样的揭发材料吗？到现在（按：吴忠口述时是1986年）整整十年了，死者家属不告状？打倒四人帮以后群众还怕什么？谁有本事能把这个盖子捂住？不让死者的亲属揭发？不可能。可以证明我的报告是真实的，没有死人。可到现在还有相当负责的高级干部，仍然认为死了人。我认为这不是唯物主义的，是唯心主义的。死了人，找出一个就是唯物主义的，唯心主义是不要证据的，一个死人的证据也没有见到就断定死了人。可见时隔十年了，唯心主义还是很严重的，唯物主义者必须以事实做根据才能下断语，这样的人太少了。

我调走的时候（1977年9月12日）罗瑞卿（注38）同志和我谈话，说是正常调动，广州地区很重要，让我去广州军区当副司令，说政治局常委认为吴忠同志能打仗，将来解放台湾用得上，一再说是正常调动。并要我人走家搬。我没表态，心想你也没调我的老婆孩子，家能搬得了吗？你要房子给你就是了，我不会赖在那个房子里。见我没表态，罗瑞卿同志从对面沙发上过来，靠近我，坐下后说：帮下忙嘛！我理解了，帮他把他座位上的眼镜、钢笔、笔记本拿过来，他说：不久我要去广州，到广州还可以谈；并低声说：你还可以写嘛！我理解了他的意思，让我懂得了这次调动的含义，写什么？不就是要我揭发吗？在北京揭发不好吗？要调到广州去揭发？我有些反感。这是

（三）一九七六年的天安门事件

暗示我，其他人听不到，这才理解他从对面走到我跟前坐下，就是要说这句话。

第二天 9 月 13 号，邓小平同志召集会议，到会的有杨勇（注39）、秦基伟、傅崇碧（注40）、李钟奇（注41）、杨俊生，我就没资格参加了。邓讲的问题不多，四五个问题，一个是说卫戍区权力太大了，再一个说：我当总参谋长，吴忠不跟我汇报情况；邓还指着杨俊生说：你也不向我汇报情况，我都快要打倒了，才提出来向我汇报情况。

这不符合事实，我多次要求向他汇报情况，书面报告也写过好多；我多次提出，当面向邓小平同志汇报情况，他是总参谋长嘛，我是卫戍区司令嘛，他一到职我就提出来了，但一直没实现。有一次是福特访华（注42），在大会堂宴会厅，我们先到了，邓小平同志陪同福特进入宴会厅，挨个握手，到我这里时，邓小平说：吴忠同志，我这几天有外事活动，等这几天忙过去了我再找你谈；我说没关系，什么时候有时间通知我我就去。怎么说快打倒了我才提出来汇报呢？这是有记载的嘛，我准备汇报好长时间了。

再一个，天安门事件没死人问题，邓早就说这话讲的太绝对。他说，天安门事件没死人，吴忠这话讲得太绝对，至少死了六个人，我这里（拍了拍衣兜）有材料，至少死了六个人！他对卫戍区的批评很多。

会开完后，杨俊生同志家都没回就到我这来了，我们住的楼离得不远，他跑的气喘吁吁，说了会上邓小平同志的批评，快打倒了才汇报，天安门事件至少死了六个人，有材料。虽然邓这样讲，我还是有把握的，我在现场，知道。我调走以后，中央政治局要王张江姚专案组专门调查死人问题，调查了好多次，有的人就说，卫生部的江一真（注43），老干部，江西人，后来到河北省当过书记的，他说"我那就死了五个人"，后来查，他一个人也找不出来。所以没死人的问题，现在完全可以证实了。彭冲（注44）同志回答得好，他在中央管政法，有人问天安门究竟死人没死人，他说天安门事件以后，没有人到中央提出报告说我家有人死了，没有收到这样的揭发材料。他没说一定死人了，也没说一定没死人，就说这么长时间中央没有收到这样的材料。

有一次去了一个记者，我打仗的时候老跟着我搞报道，叫陈龙瑾（音），是人民日报的老记者、名记者，要写定陶战役，找我谈点材料。去年在光华路、胖子（按：吴忠之子）的房子里，约他来，把情况谈完后，他说到天安门事件死人问题，说"我还是相信死了人的"，我说，你搞了一辈子新闻工作，离不开采访、调查、研究啊，你这个人是地地道道、彻头彻尾的唯心主义。死了人你要拿到物质证据嘛！物质证据就是死人，找到一个死人就行，这才是唯物主义的。你一个死人都没找到，一个家属、亲属的揭发材料都没见到，怎么就相信死了人呢？而且这样长的时间，十年了你还相信，是唯物主义者吗？呲儿了他一顿，他不说话了。

我看像他这样的唯心主义者是大有人在，也有人说北京没死人，死的是外地的人，这话说的荒唐！余秋里（注45）同志就这样讲。有人告诉他，北京没死人，死的是外地的，他说外地的人就不揭发了，外地人就不告状了。我们中国近一二十年来上访的人有多少啊！哪一个不是外地的？天安门事件你把他的亲人打死，天安门事件已经平反了，四人帮已经抓起来了，这种情况下他的亲属就忍了？不揭发了？这不是唯物主义的看法，是唯心主义者。

死没死人的问题，已经十年了，还没找到一个死人，历史事实已经给了很清楚的回答，再等十年能找到也行，但我绝对相信找不到！如果没有把握，在三月中央工作会议上我敢发那个言吗？我有精神病？我神智很清楚，我认为有辟谣的必要，我是现场指挥，有这个责任。十一届全国人大会上曾思玉（注46）同志问我：天安门事件是不是死人了？这是我发言以后了，我说没死人，他说万一要死人了怎么办呢？我说那简单，我说过一个人没死，我偿命就是了。他说没死人就好。我认为，"天安门事件一个人没死"是经得起历史检验的。

这次搞的材料（按指对吴忠的审查材料），结论没提这个问题，

（三）一九七六年的天安门事件

第一个材料也没提，但这个问题对我造成的影响很大，都认为我的责任很大，说得一塌糊涂。一两个礼拜前张震（注 47）同志就问我：有人说为什么棒子上面钉钉子，外面包着橡皮打人？我说没有这个事，绝对没有。韩先楚（注 48）同志也问过我，那是前几年了，82 或 83 年我去西山看他，他说吴德同志讲的，棒子上面钉上钉子，外面包着橡皮打人。恐怕张震同志也是从吴德这里听说的，我说这是胡说八道！根本没有的事。哪一个人证明棒子上面钉钉子，外面包着橡皮？卫戍区哪个战士揭发的？棒子上的钉子总不是我吴忠钉的吧？橡皮总不是我吴忠自己包的吧？总要有人干这个活，具体做这个工作。真是无中生有！就是要把人从政治上搞臭。从生活上造你的谣言……。象吴德这样的老同志这样说很不负责任，把吴忠说得不成人样子。我对张震同志讲，我是猴子变人，原来把我生活上说的一塌糊涂，政治上一塌糊涂，天安门死人，我简直成了罪魁祸首，不成人样子。现在只剩下天安门事件这一条我不同意，那样多问题一个个都澄清了，连警告处分都不够嘛，审查了我八年啊！人云亦云，小道消息，有人好听小道消息，好传小道消息，文化大革命就是这样，把一个人传的乱七八糟，不成人样。

九、天安门事件是个大笑话

这么多年，天安门事件的问题，我认为事件的发生是可以避免的，如果花圈允许放到六号，六号晚上收花圈，冲突就不会有；冲突不会有，烧房烧汽车的情况就不会出现；不出现，哪来的天安门事件呢？所以说，鲁瑛的那个条子起了很坏的作用。天安门事件最直接最重要的原因就是鲁瑛的条子。

几天以来我都在小红楼，小红楼要不烧，5 号晚上我就用不着去历史博物馆了。我看得很清楚，是前线目击，看得清楚，所以敢说一个人没死。当天晚上向政治局汇报后回到机关，我就老讲是小流氓，李刚副司令说我，不要讲小流氓，明明是反革命事件，你干么老讲小流氓？影响不好。我说你的意见对。

另外，政治局参加会议的一些老同志这样软弱，这样糊涂，我现在想起来还有气。我一直在想，参加政治局会议的不光是四人帮四个人，老同志很多，起码有这几个人，陈锡联、吴德、纪登奎是有的，其他的同志，李先念（注49）是否参加了，我就不清楚了；苏振华（注50）、华国锋。华国锋也算是三八式。我就奇怪，这些老同志怎么就那样软弱？为什么就让四人帮大发雷霆，把已经决定了的问题改变了？这不是迁就、屈服于四人帮的意志吗？要我八点半钟包围广场，我一面执行一面在内心非常不满，这样多的老同志，你们是打过仗的，八点半钟天安门还有多少人，就做这样的决定？还要催，说人少了，怕人都跑了，八点半钟有几十万人呢，怎么就考虑不到包围会踩死人呢？我一面推迟时间一面责骂这些老同志，不像话，这不是多深奥的问题，是常识，你们在大会堂清清楚楚看得到几十万人，怎么能做出这样的决定呢？让我这个执行者真为难。

改变收花圈时间的决定，以及决定八点半钟包围广场，这两件事政治局的老同志没有起到老同志的作用。老党员、老干部，身经百战，有丰富的经验，怎么能这样？我要是政治局的能参加会议，我就会说，政治局定了的事情不能改变，头天晚上收了花圈，第二天就会发生严重冲突，谁负责任？江青可以大发雷霆，老同志怎么就不可以发一点点雷霆呢？通过这件事可以看出老同志在政治局会议上是软弱无能的，某种意义上是屈服于四人帮的压力，连华国锋在内，他是主持人嘛，怎么这样软弱？这些人又软弱，又糊涂。华国锋不满意我推迟时间，说人都跑光了；前几天我在北京，倪志福同志给我讲我才知道的。围住150多人，我还要想办法筛减，缩小抓人面；几十万人让我去包围，这难道是清醒吗？所以我说，作为政治局委员，既软弱又糊涂，现在我也不理解这些人当时怎么想的，是什么心理状态。

再一件事我不高兴。收花圈后，陈锡联召集会议讲了两条，一是情况，一是调进北京境内的部队统一由吴忠和卫戍区指挥。陈锡联和纪登奎垂头丧气，唉声叹气，我不知道是为什么，后来倪志福告诉我，

（三）一九七六年的天安门事件

是江青大发脾气造成的。

回头来看，天安门事件也可以说是一个大笑话，就是一伙小流氓烧房子烧汽车造成了天安门事件，如果仅仅是送花圈，搞悼念总理，不烧房子不烧汽车，也不会存在镇压反革命问题，烧房子烧汽车不就是反革命吗？谁烧的？一伙小家伙，十三四岁、十四五岁的初中生，留着八字胡、穿着白胶鞋，我认为是小流氓，我看到的；同时，也利用了群众在悼念总理问题上的不满情绪，群众不恨他，烧房子烧汽车，群众也不抓他，不干涉他，其实，他们不是悼念总理，连白花也没戴，悼念总理为什么要烧房子烧汽车？为什么抢东西？这些人有名有姓，可以查，有什么前科都知道。天安门事件平反后，把他们放了，放了没多久又抓进去了。

天安门事件是一伙小流氓制造的，真正像样的反革命，没有。有两个吉林省越狱逃跑的，在里面制造事端，攻击毛主席，攻击总理，有，但其他都是小家伙。这帮小流氓制造了震动世界的事件，把毛主席搞得那样紧张，每隔24小时要报告一次，我说这是个大笑话。我有资格说这个话，我在现场。

注1：天安门事件。1976年清明节前，北京市各界群众往天安门广场送花圈、送挽联、写诗词悼念周恩来总理，规模越来越大，并有部分诗词矛头指向江青、张春桥等人；4月4日夜，花圈被收走，引发4月5日的群众抗议，极少数人趁乱烧汽车、烧楼，毛泽东认为性质变了，中共中央政治局认定是反革命事件，决定包围天安门广场，抓坏人，史称"天安门事件"；4月7日，决定撤销邓小平党内外一切职务。1978年11月，"天安门事件"被平反。

注2：周恩来逝世。1976年1月8日，中共中央副主席、国务院总理周恩来因病医治无效逝世，享年78岁。

注3：邓颖超（1904.2—1992.7），周恩来夫人。新中国建立后，历任全国妇联副主席、名誉主席，全国人大常委会副委员长，全国政协主

席等职；是中共八届、九届、十届中央委员，十一届、十二届中央政治局委员。"天安门事件"时为全国妇联副主席、全国人大常委会委员。

注4：周家鼎，生于1922年。新中国建立后历任中共西藏江孜分工委书记，西藏军区干部部副部长，中共北京市委常委、秘书长，北京市革委会副主任，解放军军事学院副教育长、政治部主任，中共国防大学纪委书记等职，曾长期担任周恩来军事秘书；1988年被授予中将军衔。"天安门事件"时周家鼎为中共北京市委常委、秘书长，北京市革委会副主任。

注5：陈毅（1901.8—1972.1），中华人民共和国元帅。新中国建立后历任华东军区司令员，上海市市长，第三野战军司令员，国防委员会副主席，国务院副总理兼外交部部长，全国政协副主席，中共中央军委副主席等职；"文革"期间受到错误的批判。是中共七届至九届中央委员，八届中央政治局委员。

注6：罗荣桓（1902.11—1963.12），中华人民共和国元帅。新中国建立后历任最高人民检察署检察长，解放军总政治部主任兼总干部管理部部长、解放军政治学院院长，全国人大常委会副委员长等职。是中共七届中央委员，八届中央政治局委员。

注7：吴德，详见"九一三事件"注4；"天安门事件"时任北京市委第一书记，北京市革委会主任、全国人大常委会副委员长。

注8：倪志福（1933.5—2013.4），原为工人，曾获授"全国先进生产者"称号；后任工厂副总工程师、总工程师、厂党委书记，北京市总工会主任，中共北京市委书记、北京市革委会副主任；"文革"后任中共上海市委第二书记、上海市革委会第一副主任，中共北京市委第二书记、北京市革委会副主任，中华全国总工会主席，中共天津市委书记、天津市警备区第一政委，全国人大常委会副委员长等职。是中共十届中央政治局候补委员，十一届、十二届中央政治局委员。"天安门事件"时任北京市委书记，北京市革委会副主任。

注9：丁国钰（1916.6—2015.5），新中国建立后，历任解放军军政治部主任，中国人民志愿军军政治部主任、军副政委，朝鲜停战谈判中

(三)一九七六年的天安门事件

国人民志愿军代表、首席代表,中国驻阿富汗大使、驻巴基斯坦大使,中共北京市委书记、常务书记、第三书记,北京市革委会副主任,北京市政协主席,中国驻挪威大使、驻埃及大使等职。是中共十届、十一届中央委员。"天安门事件"时任北京市委书记,北京市革委会副主任。

注10:四人帮,指江青、张春桥、王洪文、姚文元四人,毛泽东生前曾批评江青,指责江青搞"四人帮"。

江青(1915—1991.5),毛泽东夫人。新中国建立后历任中共中央宣传部副处长、处长,"文革"初任中央文革小组第一副组长、代组长,中央军委文革小组顾问;是中共九届中央政治局委员。1981年,被认定为江青集团主犯,判处其死刑缓期二年执行,后减为无期徒刑,在保外就医期间自杀身亡。

张春桥(1917.2—2005.4),新中国建立后历任华东新闻出版局副局长、新华通讯社华东总分社社长,上海《解放日报》社副总编辑、社长、总编辑,中共上海市委宣传部副部长、部长,中共上海市委书记处候补书记、书记等职;"文革"中任中央文革小组副组长,上海市革委会主任、南京军区第一政委兼上海警备区第一政委,中共上海市委第一书记,国务院副总理,解放军总政治部主任等职。是中共九届中央政治局委员,十届中央政治局常委。1981年,被认定为江青集团主犯,判处其死刑缓期二年执行,后减为无期徒刑,1997年又减为有期徒刑18年,保外就医期间病亡。

王洪文(1935.12—1992.8),曾参加中国人民志愿军入朝作战,复员后任工厂保卫干部;"文革"中造反起家,历任上海市革委会副主任,上海市总工会主任,中共上海市委书记等职;是中共九届中央委员,十届中央政治局常委、中共中央副主席。1981年,被认定为江青集团主犯,判处其无期徒刑,保外就医期间病亡。

姚文元(1931.12—2005.12),新中国建立后历任《文艺月报》编辑,《解放日报》编委,中共上海市委宣传部部长;《文革》中任中央文革小组成员,上海市革委会第一副主任,中共上海市委第二书记,《红旗》杂志社负责人等职。是中共九届、十届中央政治局委员。1981年,被认定为江青集团主犯,判处其有期徒刑20年,1996年刑满出狱。

注11：谭震林(1902.4—1983.9)，新中国建立后，历任第三野战军暨华东军区副政委，中共中央华东局第三书记、代理书记，江苏省主席，华东行政委员会副主席，中共中央副秘书长，国务院副总理，全国人大常委会副委员长等职。是中共八届中央书记处书记、中央政治局委员，十届、十一届中央委员。"文革"初期江青曾诬陷说谭是"大叛徒"。

注12：刘振华(1921.7—)，新中国建立后，历任解放军师政治部主任，中国人民志愿军师政治部主任、副师长，中朝联军游击支队队长，解放军师长、副军长、军副政委、军政委，沈阳军区副政委兼旅大警备区第一政委，中国驻阿尔巴尼亚大使，外交部副部长，沈阳军区副政委、政委，北京军区政委，全国人大华侨事务委员会副主任等职；1964年被授予少将军衔，1988年被授予上将军衔。是中共九届、十届、十一届中央候补委员，十二届、十三届中央委员。吴忠任40军军长时，刘振华是军政委。

注13：鲁瑛(1927.10—2007.12)，新中国建立后历任《解放日报》记者、编辑、党委办公室主任、编委；"文革"中调入《人民日报》，后任总编辑。"天安门事件"时为《人民日报》总编辑。

注14：陈锡联(1915.1—1999.6)，新中国建立后，历任中共重庆市委第一书记，解放军炮兵司令员，沈阳军区司令员，中共中央东北局书记处书记，北京军区司令员，国务院副总理等职；1955年被授予上将军衔。是中共八届中央候补委员、委员，九届、十届、十一届中央政治局委员。"天安门事件"时为国务院副总理、北京军区司令员，主持中共中央军委工作。

注15：纪登奎，详见"九一三事件"注3；"天安门事件"时任国务院副总理。

注16：张春桥，详见注10；"天安门事件"时任国务院副总理、解放军总政治部主任、上海市委第一书记、上海市革委会主任、南京军区第一政委、上海警备区第一政委。

注17：华国锋(1921.2—2008.8)，新中国建立后，历任中共湖南湘潭县委书记、湘潭地委副书记、书记，湘潭地区专员，中共湖南省委文

（三）一九七六年的天安门事件

教部部长、统战部部长，湖南省副省长，中共湖南省委书记处书记，湖南省革委会副主任、主任，中共湖南省委第一书记，广州军区政委，国务院副总理兼公安部部长，国务院代总理、总理等职。是中共九届至十五届中央委员，十届、十一届中央政治局委员、常委，曾任中共中央第一副主席，中共中央主席。"天安门事件"时任国务院代总理、公安部部长，主持中共中央日常工作。

注18：八条：1967年1月28日，针对当时一些地区发生的冲击军事机关等乱象，中共中央军委发布八条命令，要求"对那些证据确凿的反革命组织和反革命分子，坚决采取专政措施。"

注19：安徽的五条：指中共中央为解决安徽问题，于1967年4月1日发出的文件，文件内容共五条，指出不能随便宣布一派群众组织为反革命，不准乱捕人，通缉令一律取消，抓的人一律释放，不准搞打、砸、抢。

注20：北京天派地派，指"文革"初期北京各大专院校在一些问题上观点对立的两派学生造反组织的代称，"天派"以北京大学聂元梓、清华大学蒯大富、北京航空学院韩爱晶所在的造反组织（《新北大公社》、清华《井冈山》、北航《红旗》）为代表，"地派"则以北京地质学院王大宾、北京师范大学谭厚兰所在的造反组织（地院《东方红》，师大《井冈山》）为代表；天派地派都没有具体的组织形式，只是在行动上每派所属的各组织相互配合、彼此呼应。社会上的造反组织也大多分别支持天派或地派。

注21：秦基伟（1914.11—1997.2），新中国建立后，历任解放军军长，中国人民志愿军军长，云南军区副司令员，昆明军区副司令员、司令员，成都军区司令员，北京军区司令员，国防部长，全国人大常委会副委员长等职；1955年被授予中将军衔，1988年被授予上将军衔。是中共十一届中央委员，十二届中央政治局候补委员，十三届中央政治局委员。"天安门事件"时任北京军区第二政委、军区党委书记。

注22：梁必业（1916.3—2002.10），新中国建立后，历任解放军军政委，中南军区政治部副主任、第一副主任，解放军政治学院政治部主

任兼副教育长、教育长，中国人民志愿军副政委兼政治部主任，解放军总政治部副主任，解放军军事科学院政委等职；1955年被授予中将军衔。是中共第十一届、十二届中央委员。"天安门事件"时任解放军总政治部副主任、总政党委第二书记。

注 23：王洪文，详见注 10；，"天安门事件"时为中共中央副主席、上海市委书记。

注 24：汪东兴（1916.1—2015.8），新中国建立后，历任中共中央书记处警卫处处长，公安部副局长、局长，中共中央办公厅警卫局局长，公安部副部长，江西省副省长，中共中央办公厅主任，中共中央党校第一副校长等职；1955年被授予少将军衔。是中共九届中央政治局候补委员，十届中央政治局委员，十一届中央政治局常委、中共中央副主席。"天安门事件"时为中共中央办公厅主任兼警卫局局长、8341部队政委，中共中央军委常委。

注 25：张耀祠（1916.2—2010.10），新中国建立后历任中央公安警卫师副政委，中共中央办公厅警卫局副局长兼中央警卫团团长，中央办公厅副主任，成都军区副参谋长等职；1955年被授予大校军衔，1964年晋升为少将。是中共十一届中央候补委员。"天安门事件"时任中共中央办公厅副主任、中央警卫局副局长兼中央警卫团团长。

注 26：马小六（1938.4—1993.12），原为首都钢铁公司炼钢工人，"文革"后期任首钢党委副书记，北京市总工会副主任；是中共十届中央候补委员。"文革"后仍当工人。"天安门事件"时任北京市总工会副主任、北京工人民兵副总指挥。

注 27：杨俊生，详见"九一三事件"注11；时任北京卫戍区政委、中共北京市委书记、北京市革委会副主任。

注 28：张世忠（1936—1994），原为北京新华印刷厂工人，"文革"中曾任厂革委会副主任，北京市总工会副主任，国务院知青办公室负责人，全国人大常委会委员等职；是中共九届、十届中央候补委员。"文革"后被开除党籍。"天安门事件"时任北京市总工会副主任、北京工人民兵副总指挥、中华全国总工会筹备组第一副组长。

（三）一九七六年的天安门事件

注29：胡世寿(1928—)，历任北京卫戍区副师长、师长，卫戍区副参谋长等职。"天安门事件"时任北京卫戍区警卫三师副师长。

注30：刘传新，曾任27军副政委，中共北京市委常委、北京市公安局局长；"文革"后，被免职接受审查，1977年5月19日自杀身亡。"天安门事件"时任北京市公安局局长。

注31：田占魁，时任北京卫戍区警卫一师师长

注32：毛远新，生于1941年2月，毛泽东弟弟毛泽民之子。"文革"中曾任中共辽宁省委书记、辽宁省革委会副主任、沈阳军区政委；"文革"后被判处有期徒刑17年。"天安门事件"时为毛泽东和中共中央政治局之间的联络员。

注33：陈老总，即陈毅元帅，"陈老总"是广大军政干部对陈毅元帅的敬称，详见注5。1972年1月6日逝世后，毛泽东参加了追悼会。

注34：朱老总，即朱德(1886.12—1976.7)，中华人民共和国元帅。"朱老总"是广大军政干部对朱德元帅的敬称。新中国建立后，历任中国人民解放军总司令、国家副主席、中央军委副主席、国防委员会副主席、全国人大常委会委员长等职。是中共六届至十届中央政治局委员，七届中央书记处书记，八届中央政治局常委、中央副主席，十届中央政治局常委。"天安门事件"时为全国人大常委会委员长。

注35：徐帅，即徐向前(1901.11—1990.9)，中华人民共和国元帅。新中国建立后，曾任解放军总参谋长、中央军委副主席、国防委员会副主席、全国人大常委会副委员长、国务院副总理兼国防部部长等职；"文革"期间受到错误的批判。是中共七届至十二届中央委员，八届、十一届、十二届中央政治局委员。参加1977年3月中央工作会议时为中央军委副主席、全国人大常委会副委员长。

注36：廖承志(1908.9—1983.)，廖仲恺之子。新中国建立后，曾任中共中央统战部副部长、对外联络部副部长、国务院外事办公室副主任、华侨事务委员会主任、国务院侨务办公室主任、港澳事务办公室主任、全国人大常委会副委员长等职。是中共七届中央候补委员，八届、十届、十一届中央委员，十二届中央政治局委员。参加1977年3月中

央工作会议时，为全国人大常委会委员、中日友协会长。

注37：邓颖超，详见注3。参加1977年3月中央工作会议时，为全国妇联副主席、全国人大常委会委员。

注38：罗瑞卿(1906.5—1978.8)，新中国建立后，历任公安部部长、公安军司令员兼政委，国务院副总理，中共中央军委秘书长、解放军总参谋长、国防部副部长等职；1965年受到错误批判；"文革"后复任中共中央军委秘书长。1955年被授予大将军衔。是中共八届中央委员和中央书记处书记，十一届中央委员。1977年9月与吴忠谈话时为中央军委秘书长。

注39：杨勇(1913.10—1983.1)，新中国建立后，历任解放军兵团司令员兼贵州省军区司令员、贵州省人民政府主席，中国人民志愿军副司令员兼参谋长、司令员，北京军区司令员，解放军副总参谋长，沈阳军区副司令员，新疆军区司令员兼中共新疆维吾尔自治区党委第二书记、自治区革委会副主任，中共中央军委副秘书长等职；1955年被授予上将军衔。是中共八届中央候补委员，十届、十一届、十二届中央委员，十二届中央书记处书记。1977年9月邓小平召集谈话时为解放军副总参谋长、中共中央军委常委、副秘书长。

注40：傅崇碧(1916.1—2003.1)，新中国建立后，历任解放军军长，中国人民志愿军军长，北京军区副司令员兼北京卫戍区司令员，北京军区政治委员等职；"文革"期间受到错误的批判。1955年被授予少将军衔。1977年9月邓小平召集谈话时任北京军区第一副司令员并兼北京卫戍区司令员。

注41：李钟奇(1913—2003.1)，新中国建立后历任中共中央军委军训部助理部长，训练总监部组织计划部副部长，解放军军参谋长，北京卫戍区副司令员等职；1955年被授予少将军衔。"文革"中曾因报私仇打彭德怀元帅而受到上级严厉批评；1977年9月邓小平召集谈话时任北京卫戍区副司令员。

注42：福特访华。1975年12月1日至4日，时任美国总统福特访华。

(三) 一九七六年的天安门事件

注 43：江一真(1915.3—1994.3)，新中国建立后，历任中共福建省委农工部长、秘书长，省委第一书记、省长，国家农业部代部长、卫生部部长，中共河北省委第二书记，河北省人大常委会主任等职。江一真是福建人，吴忠说是江西人有误。

注 44：彭冲(1915.3—2010.10)，新中国建立后，历任中共福建省委秘书长，中共中央华东局统战部副部长，中共江苏南京市委第一书记、南京市长，中共江苏省委第一书记、江苏省革委会主任，南京军区第二政委，中共上海市委第三书记、上海市革委会第二副主任，上海市委第一书记、市长，全国政协副主席，全国人大常委会副委员长等职；是中共九届、十届中央候补委员，十一届中央政治局委员、书记处书记，十二届、十三届中央委员。

注 45：余秋里(1914.11—1999.2)，新中国建立后，历任中共川西区党委常委，西南军政大学副政委，西南军区后勤部部长兼政委，解放军总财务部第一副部长、部长，总后勤部政委，国家石油工业部部长，国家计委第一副主任、主任，国务院副总理，解放军总政治部主任，中共中央军委副秘书长等职；1955 年被授予中将军衔。是中共九届、十届中央委员，十一届、十二届中央政治局委员，书记处书记。

注 46：曾思玉(1911.2—2012.12)，新中国建立后，历任解放军军长，中国人民志愿军军长、兵团副司令员兼参谋长，沈阳军区参谋长、副司令员，武汉军区司令员，湖北省革委会主任、中共湖北省委第一书记，济南军区司令员等职；1955 年被授予中将军衔。是中共九届、十届、十一届中央委员。

注 47：张震(1914.10—2015.9)，新中国建立后，历任华东军区兼第三野战军参谋长，解放军总参谋部作战部部长，军事学院副院长、院长，武汉军区副司令员，解放军总后勤部部长，解放军副总参谋长，国防大学校长，中共中央军委副主席等职；1955 年被授予中将军衔，1988 年被授予上将军衔。是中共十一届中央候补委员，十二届中央委员。

注 48：韩先楚(1913.2—1986.10)，新中国建立后，历任解放军兵团副司令员，中国人民志愿军副司令员兼兵团司令员，中南军区参谋长，中共福建省委书记、福建省革委会主任，兰州军区司令员，全国人大常委会副委员长等职；1955年被授予上将军衔。是中共八届中央候补委员、委员，九届至十二届中央委员。

注49：李先念（1909.6—1992.6），新中国建立后，历任中共湖北省委书记、省政府主席、省军区司令员兼政委，中共中央中南局副书记、中南行政委员会副主席，国务院副总理兼财政部长，国家主席，全国政协主席等职；"文革"期间受到错误的批判。是中共七届中央委员，八届至十二届中央政治局委员，十一届中央政治局常委、副主席。

注50：苏振华（1912.6—1979.2），新中国建立后，历任中共贵州省委书记、贵州省军区司令员兼政委，海军副政委、政委，中央军委副秘书长，海军第一政委，中共上海市委第一书记、上海市革委会主任等职；1955年被授予上将军衔。是中共八届中央候补委员，十届中央政治局候补委员，十一届中央政治局委员。

附：对《审查结论》第五稿的申诉意见

（口述节录）

对于天安门事件，原来的考虑是，我执行了毛主席、党中央关于天安门事件性质的错误决定，是在市委统一领导下执行的；错误在于认为烧房子、烧汽车是反革命；执行中也有做对的一面。

现在考虑，应当让天安门事件的问题不能成立，让它站不住，修改掉。为什么应当吹掉？

第一，我不是执行四人帮的，是执行中央的，市委统一领导下的；是市委对中央负责，不是我吴忠、卫戍区对中央负责。

第二，我对公安人员、部队、民兵执行"劝阻"任务是拒绝的，是要求他们协助安放好花圈，保证安全。

四号晚上收花圈我不赞成，建议吴德推迟到六号，吴德说是中央定了的，不能变。

五号晚上布置八点半包围广场、抓坏人，我推迟到十一点。吴德的讲话是中央定的，开灯也是政治局研究的，据说是王洪文提的，这些措施都是执行八点半行动的，而不是推迟。

第五稿说几个市委书记研究让吴德广播讲话、开灯等措施，让群众慢慢散去。这不是事实，那是中央定的。

市委从来没有研究过推迟的意见。那个意思是说，推迟两个半小时不是你吴忠的功劳，是市委书记一块儿研究的，研究吴德广播讲话、开灯，然后再包围广场；这不对，没有研究过。

吴德传达是坚决按照八点半执行。倪志福向中央写的材料说推迟到十一点，但没说是市委书记研究推迟的。

是我推迟的。1968年五一节东郊机场散场时疏导不好，就踩死了七个人，总理经常讲这个问题。东郊机场当时是九万人，天安门广场是几十万人！你四面包围、气势汹汹地要抓人，肯定比东郊机场踩死的人还要多！八点半过了，政治局打电话催啊。十一点是公交末班车，推迟到十一点，广场的人最少。

（四）粉碎四人帮

（小标题是整理者所加）

一、苏振华向我打招呼

不少同志问我抓四人帮（注1）的问题，说法不一。华国锋主持中央工作时抓的，华国锋不抓，就不会有人抓四人帮？不见得，也还会有人抓四人帮。是不是只有华国锋主持工作时才能抓四人帮，除此以外再不会有人抓四人帮？我不这样认为。另一方面，怎么抓的？我了解一些，全部情况不那么清楚。

毛主席逝世后，四人帮活动很不正常，比较频繁。江青几次到保定，到长辛店，到团河农场，到昌平，清华的什么单位；王洪文到平谷。短短的一段时间，活动范围不是很大，显得频繁，很不正常，很有怀疑，究竟在搞什么？中央了解的情况更多，也在密切观察注意四人帮。中央考虑过解决此问题，办法就是把四人帮抓起来。

10月1号没搞大的活动，只在天安门城楼上搞了个小型活动，华国锋讲了话，讲完话站起来就走，会就散了，江青有点莫名其妙的样子，看样子想说点什么没说成，也只好散了。我看是对四人帮做出的反应，不大理她，也没有安排她讲话。

此前倪志福同志告诉我，苏振华同志（注2）约我去密云水库玩，我简单做了一些准备，陪苏政委去密云水库，以为真的是去玩。10月2号，我打电话给苏政委，告诉他可以去了，我已做了准备；苏问我上午是否有时间，我回答有时间，他要我到他家中。去后苏政委说，中央现在的斗争情况你是了解的，他们要夺权，他们要掌了权不得了。苏没有明说，我知道是指四人帮；苏接着问，卫戍区的部队你能掌握得了吗？我回答没问题，掌握得了，我和杨俊生同志在卫戍区工作多年，注意教育部队保卫党中央、保卫毛主席，部队调动严格遵照中央军委规定，其他的人插不上手，他们别说调动卫戍区部队，连一个班、一个兵都调动不了。苏说，中央政治局、华国锋同志、陈锡联同志（注3），吴德同志不用说，包括叶帅（注4），对你绝对信任。我认为这不是虚话。我明白，秘书和倪志福同志说要去玩，实际上不是要玩，就是要告诉我这些话。

　　回家后我想，苏振华同志讲的，不可能是他个人的考虑，判断可能是中央小范围考虑与四人帮斗争问题，要和卫戍区领导透个气、打招呼；苏政委是我的老领导，文化革命中我在锦州也是保苏振华的，所以让苏振华和我打招呼，"串联"。这是我的判断。

　　抓四人帮，谁起主导作用？抓四人帮后不久，叶副主席（注5）讲，我们又有了英明领袖华国锋，并引用了典故"投鼠忌器"，说明打倒了四人帮，又没有伤害毛主席，所以华国锋英明。叶帅就是要说服我们对英明领袖服气；也可以看出华国锋在四人帮问题上起的作用。抓四人帮后，吴德同志曾说，邓小平同志讲过，华国锋为什么采取这样的办法（把四人帮抓起来）解决这个问题？邓小平同志自己回答，看来也只好用这个办法，也没有别的更好的办法。再一个，中央领导小范围研究过解决此问题，要把四人帮抓起来，但什么时候动手，哪一天，我看没有定下来。十月五号，华国锋和陈锡联同志到唐山去视察，了解地震后安排的情况，从唐山回来后看到光明日报"按既定方针办"的文章，曲解毛主席的意思，陈锡联说，看来他们要下手了，我们要不动手，他们就要动手；促进了华国锋对此问题的考虑。我认为陈锡联的这个话与十月六号抓四人帮关系比较大。中央有准备，抓是必然的，但哪一天抓？光明日报的文章起了决定作用。再不动手，可能他们就要下手了。

　　这三件事：叶帅讲话，吴德谈话，陈锡联提出的问题，我看抓四人帮问题上华国锋恐怕是主导作用，没有他的积极性，事情不会那样利索的。他当时主持中央工作,是第一副主席,主席生前安排的。如果华国锋不是积极主动起推动作用,叶帅会讲这番话?不会。当时党的方面华国锋是中央第一副主席,主持中央工作,政府方面他是总理,主持国务院工作,军队方面是陈锡联主持军委工作,这样,华国锋、陈锡联一起就是军政一把手。

二、抓捕四人帮和迟群谢静宜

抓四人帮。六号下午四点钟左右,汪东兴(注6)同志给我打电话,要我五点半经东边门到中南海他的家里,有事找我。我告诉了吴德,他说到时候你去吧;后来给陈锡联同志打电话,我告诉他汪东兴电话的事,他说你去吧,电话里不便讲,汪东兴同志会告诉你。我给陈锡联同志打电话汇报是必要的,他当时主持军委工作;告诉吴德也是对的,让他知道。从这二人的口气,理解到他们研究过这个问题,估计是四人帮问题,但没把握。五点半我准时到,汪东兴同志等着我,到他家中,是因为这件事的知密范围很小。汪东兴同志传达了中央的决定,我听了很高兴!决定是:今晚八点钟政治局召开会议,议题有两个,一是修建毛主席纪念堂,二是出版毛选五卷。以这个会议的名义通知四人帮到会,他们不会请假。江青住在中南海,用不着来开会,汪东兴同志就可以执行;张春桥、王洪文住钓鱼台,姚文元(注7)住外面,是卫戍区警卫。如果他们有觉察不来,属中央警卫团警卫的由中央警卫团抓,属卫戍区警卫的由卫戍区抓。汪东兴说,如姚文元不来,卫戍区去抓,到他家中宣布中央决定进行保护审查,交代搞阴谋活动的问题,宣布后就带走,对家中进行清查,清查后向其家属和工作人员规定几条纪律,⋯⋯。

到八点钟,三人全来了,到怀仁堂,来一个抓一个。我在怀仁堂,华国锋、叶帅都在,找我布置任务,说一会儿耿飚(注8)同志来,接管广播事业局,给他派一个副司令一块儿去,我说派邱巍高,管警卫的副司令。我打电话叫邱巍高来交代任务,又打电话给警卫一师师长田占魁，告诉他姚文元的问题已解决，不必去他家了，要他去广播电台，把电台控制，待耿彪和邱巍高同志到后，听邱巍高指挥。

等耿飚同志期间，叶帅问我，我给叶帅建议，913事件处理得好，严格保密，直到证实林彪摔死，还在广播"祝林副统帅身体永远健康"，保持了局势稳定，效果很好。叶帅听后很感兴趣，请华国锋同志过来，说吴忠同志讲得很好，让我跟华国锋同志讲讲；华国锋同志听后也表示赞成，说此事暂时保密。但保密没保住，传出去后群众高兴得不得了，奔走相告；感到消息泄露出去没什么坏处，就请示中央，群众问起来可否证实这个问题，中央同意了。大家都恨四人帮，保密没保多久，几天后就决定开百万人大会声讨四人帮，吴德讲了话。

耿飚接管，华国锋写了介绍信给广播事业局，还有邱巍高的名字；耿飚拿了介绍信，带着张香山（注9）和邱巍高走了，我也出来了。在走廊里，耿飚同志对我说，吴忠同志，你赶快把李素文（注10）、吴桂贤（注11）也抓起来，这两个人坏得很。我说，中央决定了才能抓，中央没决定我怎么能抓？他想得很简单，在叶帅和华国锋面前你怎么不讲？

回来后，我跟吴德同志汇报了情况，吴德同志说，还剩迟群（注12）、谢静宜（注13）、金祖敏（注14），汪东兴同志说十一点抓，不惊动别人。吴德同志要请市委秘书长周家鼎（注15）来，我打电话，说他发高烧，就未叫他来。征求我的意见后，吴德同志通知倪志福到吴德家里，研究抓迟群、谢静宜、金祖敏问题，决定通知迟群、谢静宜到吴德办公室看文件。这时谢静宜在北京医院住院，迟群在清华，金祖敏在全国总工会招待所。

布置好后我到吴德同志办公室，迟群接到通知很快来了，我叫他坐下，宣布：迟群干了很多坏事，上级决定对你隔离审查，要很好向组织交代。我叫卫戍区警卫处长张成（音）同志来把迟群带走。谢静宜，是陈一夫（音）同志去医院找她，用车接到市委，我告诉警卫三师政委陈先达，谢静宜一到，不用上楼，让她上你的车，换车带走即可。谢静宜换车后被带到警卫三师，她在车上就骂开了，说毛主席逝世没几天你们就搞政变,你们受邓小平欺骗,……,陈先达制止了她。我带着张成去抓金祖敏,那时金祖敏是全国总工会筹备组组长,准备当全国总工会主席的。

几天后,中央政治局请抓四人帮有功人员吃饭,华国锋、叶帅、陈锡联、纪登奎、李先念五人参加,其他同志未到;我和张成去了。叶帅讲了几句话,讲到卫戍区我和杨俊生同志做了大量工作,起了很好作用。八三四一部队的同志发言,拥护中央决定;王张江姚专案组负责人于桑(注16)也发了言;李鑫(注17)也发了言;后来要我发言,我没讲,要耿飚讲,他也没讲。我想,请吃饭就吃饭,发什么言?没必要。我不愿意讲,是对汪东兴印象不好,他争功,计较。有一次他和我说,你们警卫一师还在搞纪念张思德的活动,张思德不在警卫一师,在我们警卫团嘛!我回去告诉警卫一师,汪东兴有意见。其实,八三四一、警卫团是从警卫一师调过去的,调过去没多久;汪东兴兼警卫团的负责人,太计较,没意思。我不愿意发言,就是不愿意恭维八三四一,你汪东兴有功劳。

叶剑英副主席在好几个会上讲汪东兴抓四人帮的功劳,也讲文化大革命。毛主席说过一生做了两件事,一件是夺取全国政权,建立中华人民共和国,第二件是发动文化大革命。叶剑英同志这样讲,意思是让我们重视文化大革命的伟大意义,可以和建国相提并论。粉碎四人帮以后不久,叶帅在一次会上讲,有的同志说还是要维持毛主席对文化大革命的评价,三七开,叶帅伸出大拇指说:文化大革命是这一份的!不能讲三分缺点错误。我曾和吴德同志讲,这是什么意思?毛主席讲了三七开,缺点错误还不够分量。吴德同志说,要高举毛主席的伟大旗帜嘛!

两个凡是,叶剑英讲的最早,华国锋是后来讲的。中央工作会议上起草华国锋的讲话,与会同志逐字逐句修改,也是根据叶剑英同志的讲话,凡是毛主席生前作出决定的一切问题都要贯彻执行。所以,两个凡是叶帅讲的最早。华国锋讲两个凡是,也是从叶剑英同志这儿来的。后来党内批判华国锋搞个人崇拜、两个凡是,没听说叶剑英同志出来解释：两个凡是是我讲的嘛！我讲的比较早嘛！错了我负责任。

对华国锋的个人崇拜也是叶剑英最早。当然华国锋也愿意让人崇拜：中山公园音乐堂唱《交城的山来交城的水》，华国锋听了高兴得不得了，我看了就不大舒服。抗日战争时华国锋是县委书记兼县大队政委，全国解放时在湘潭还是县委书记。他喜欢到处题字，但毕竟"英明领袖"不是他自己封的。应该有人站出来说话。

注1：四人帮，详见"天安门事件"注10。

注2：苏振华，详见"天安门事件"注50。粉碎"四人帮"时任中央军委常委，海军第一政委。

注3：陈锡联，详见"天安门事件"注14。粉碎"四人帮"时主持中央军委工作。

注4：叶帅，即叶剑英（1897.4—1986.10），中华人民共和国元帅。"叶帅"是广大军政干部对叶剑英元帅的敬称。新中国建立后，历任广东军区司令员兼政委，中共广州市委书记、广州市市长，中南军区副司令员、代司令员，中共中央中南局代书记，中南行政委员会副主席，国防委员会副主席，中央军委副主席，全国政协副主席，国防部部长，全国人大常委会委员长等职。是中共七届中央委员，八届、九届中央政治局委员，十届、十一届中央副主席，十二届中央政治局常委。

注5：叶副主席，即叶剑英，时任中共中央副主席、中央军委副主席。

注6：汪东兴，详见"天安门事件"注24。粉碎"四人帮"时为中共中央办公厅主任兼警卫局局长、8341部队政委，中共中央军委常委。

注7：姚文元，详见"天安门事件"注10。粉碎"四人帮"时主管宣传和意识形态工作。

注8：耿飚（1909.8—2000.6），新中国建立后，历任中国驻瑞典大使兼驻丹麦、芬兰公使，驻巴基斯坦大使，外交部副部长，驻缅甸、阿

尔巴尼亚大使，中共中央对外联络部部长，国务院副总理，中央军委秘书长，国防部长，全国人大常委会副委员长等职。是中共九届、十届中央委员，十一届中央政治局委员。粉碎"四人帮"时任中共中央对外联络部部长。

注9：张香山(1914—2009.10)，新中国建立后历任中共中央对外联络部秘书长、副部长，中共中央宣传部副部长，全国政协常委等职。粉碎"四人帮"时任外交部顾问。

注10：李素文，生于1933年。劳动模范，全国"三八"红旗手；历任沈阳市革委会副主任，辽宁省革委会副主任，全国人大常委会副委员长，"文革"后到沈阳市糖果厂当工人，1983年任副厂长。是中共九届、十届中央委员。粉碎"四人帮"时任全国人大常委会副委员长。

注11：吴桂贤，生于1938年。劳动模范，历任陕西咸阳市革委会副主任、陕西省革委会常委、中共陕西省委副书记，国务院副总理，"文革"后任西北国棉一厂党委副书记。中共九届、十届、十一届中央委员，十届中央政治局委员。粉碎"四人帮"时任国务院副总理。

注12：迟群（1932—1995），原为中共中央警卫团干部，1968年7月为进驻清华大学的工人解放军毛泽东思想宣传队负责人之一，后任中共清华大学党委副书记、书记，清华大学革委会副主任、主任，国务院科教组副组长。1976年10月被隔离审查，1983年被判处有期徒刑18年，出狱后不久因癌症去世。

注13：谢静宜，生于1935年。原为毛泽东的机要员；"文革"中曾任清华大学和北京大学工人、解放军毛泽东思想宣传队负责人，后任中共北京大学党委常委，中共清华大学党委副书记、清华大学革委会副主任，北京市革委会副主任、中共北京市委书记；是中共十届中央委员。1976年10月被隔离审查，1982年1月恢复自由。

注14：金祖敏(1934.11—1997.9)，原为工人；"文革"中历任上海市革委会常委、副主任，中共上海市委常委，上海市总工会副主任，全国总工会筹备组组长，全国人大常委会委员；是中共九届中央候补委员，十届中央委员。1976年10月被隔离审查，1982年被开除党籍。

注15：周家鼎，详见"天安门事件"注4。

注16：于桑(1917.6—2008.9)，新中国建立后历任西南军政委员会公安局副局长，重庆市公安局局长，中共中央办公厅警卫局副局长，公安部局长、副部长，公安部革委会副主任，中共公安部党组副书记等职。是中共九、十、十一届中央委员，十二届中央候补委员。粉碎"四人帮"时任公安部革委会副主任，后参加"王张江姚专案组"工作。

注17：李鑫（—1991），1958年9月后担任康生秘书；"文革"末期任中共中央办公厅副主任。参与了粉碎"四人帮"的斗争。

（五）发言风波

一九七七年三月，中央召开工作会议，这是抓了四人帮以后召开的第一个大型会议，我在会议上发表了意见（注1）。

天安门事件传说纷纭，说死了很多人，血流成河；又说打死了陈老总的儿子陈小虎，打死了朱委员长的孙子，等等，全国各地议论纷纷；打倒四人帮以后，议论起来了。工作会议前，北京市决定参加会议的领导同志，有吴德、倪志福、丁国钰，我一个，好像没有杨俊生同志。吴德同志一再要我发言辟这个谣。我当时是现场指挥，要打死那么多人，我有责任啊！所以感到有必要辟谣，接受了发言的任务，做了准备。市委起草，我修改，吴德同志修改后定稿。三月十七号在华北分组会议上发了言。饭后休息时，碰到杨总长杨得志（注2）、新疆军区司令员杨勇，杨总长也是武汉军区司令员；闲谈时，杨勇说你不该发这个言，我说是事实，并向他作了解释，认为有必要澄清。

后来，确定杨勇担任副总长但尚未下达命令时，我和北京市委秘书长周家鼎去看他，我们过去都在杨勇领导下工作若干年，又谈起我在中央工作会议上的发言，杨勇仍然说不应发这个言，我又做了解释；周家鼎说吴司令是奉命发言，杨勇说，叫你讲也不应该讲；我说还有个组织问题，开始也不愿讲，后来感到有必要讲，我是现场指挥，很清楚没死人，为什么不澄清？发言稿由市委起草，我修改后吴德同志修改定稿的。出简报不是我的事；发言的第二天，吴德拿着会务组、中办整理的简报稿找我，说"华主席要我和你一起修改简报稿"，其实只修改了一处。其中有一段是"根据中央指示，四号晚上收了花圈"，此处画了红杠还有一个三角，吴德说这可能是汪东兴同志画的，意思是汪东兴不赞成简报上"中央指示"的说法，是否改一下。我不赞成改，因为这是事实；我当时还不同意收花圈，还是吴德传达的中央指示。吴德意见修改为"奉命收花圈"，我说"奉谁的命？人家可理解成奉四人帮的命"。但吴德仍坚持按其意思修改。由于不是发言稿而是简报稿，又是根据华主席指示，吴德又是政治局委员，我只能默认。吴德当着我的面给华国锋同志写了一封信，内容大意是：华主席，简报稿我与吴忠同志做了一些修改，送上，请华主席酌定。吴德签名后送出。简报照此印发了。

我向杨勇解释后不久，杨勇到邓小平同志处，说吴忠讲他的发言稿是经汪东兴、华国锋同志修改的；邓小平认为北京市的发言经汪东兴、华国锋修改不正常，就问华国锋，华说没有修改吴忠的发言稿。这样，就认为我说瞎话。杨勇告了这一状。

一九七七年九月十二号，调我走前罗瑞卿同志找我谈话，杨勇、徐立清（注3）、秦基伟、傅崇碧（注4）参加，我一个，杨俊生同志一个，主要是罗瑞卿同志谈，轻描淡写地说到此事，我懂了，我说，发言稿是北京市定的，不会叫汪东兴、华国锋修改的。

去广州前杨勇打电话，他让我和向仲华（注5）政委一起坐飞机去，以便欢迎。接着我说，你把发言稿和简报稿搞混了，罗瑞卿谈话时我没有时间解释，你应向邓副主席纠正，发言稿是北京市的事，机关起草我修改，吴德同志修改定稿；简报稿是中央办公厅的事、会务组的事，华主席让吴德拿简报稿找我一起修改；你搞混了。杨勇说简报稿也一样。我说不一样，发言稿是北京市的事，我的事，怎么用得着中央来修改？简报稿是中办的事，中办、会务组和华国锋去修改简报稿，请杨勇同志向邓副主席讲清楚。

中越打仗（注6）后，有一次杨勇到南宁，我去看他，又谈到这个问题，我要求他向邓副主席说清楚，他不表态。我说，中央正在审查我的问题，也没人和我谈，军委也没人找我谈，我欠账还账，给我开个账单嘛！不然我怎么知道欠多少账？让我做深刻检查，要指出我的问题在哪里。杨勇说，你自己的事情自己还不清楚？我说你不能这样讲，文化大革命开始时北京军区搞你的"二月兵变"，你清楚吗？

（五）发言风波

文化大革命搞这个是叛徒，那个是特务，他不是叛徒、特务，他清楚吗？杨勇绷着脸不说话。

1980年1月份公布了我的免职命令，我写了材料向中央说明一些问题，其中特别有一段是关于发言稿、简报稿的过程，写好后又给杨勇写了一信，请杨勇过目并提出意见，我修改后再报中央；开始杨勇不愿收，后来收下了，但没有提出任何意见，也没有退回来。关于简报稿一事，这是第三次提请他纠正了，他不但不纠正，还把材料给了卫戍区。卫戍区正在搞我的问题，他在材料上写了一段话：看来吴忠不想检讨，也不像检讨，也不愿意检讨。我对杨勇很有意见，你搞错了为什么不纠正？他一直到死都不纠正此事，这种做法很不对。一个高级负责人怎么能这样做？为什么不能纠正？这件事是我调广州的重要原因，邓认为我说瞎话了，是你杨勇向邓汇报，搞混了才产生这个误解，你不去纠正就这样误解下去，能心安吗？批给卫戍区，还说"不像检讨，不愿意检讨"，是火上浇油，让卫戍区整我。这样搞法不正派。我向中央的报告征求你的意见，你无权批给卫戍区。这个报告后来一直没上去。

我历来对杨勇同志印象很好，这件事的印象很不好，不知道他为什么这样搞，不理解。如果不是有意搞我的鬼，就应当纠正，向邓小平同志说清楚。原因无非是两个，一是有意搞我，一是出于个人私心杂念，宁肯让上面误解为吴忠说瞎话，也不能让上面认为是杨勇说瞎话。二者必居其一。这是党性不纯，踩着别人的肩膀往上去，我很有意见。

我到广州工作是1977年9月27号，谈话是9月12号。到广州的原因，总感到是和杨勇有关。我把在中央工作会议上的发言稿和简报稿的情况告诉杨勇，杨勇向邓小平说华国锋修改了我的发言稿，邓小平问华国锋，没有此事，认为我说瞎话。我多次要求杨勇向邓副主席纠正，杨勇没有表态。我对此事很生气。我给中央的材料草稿中详细写了发言稿和简报稿的问题，送请杨勇提出意见后再报中央。但杨勇既未提意见也未退我，而是在材料上批"吴忠不像检讨，也不愿检讨"，给了卫戍区潘焱（注7），这不是整人吗？他当司令员时我是旅长，不是一般熟悉而是很熟悉，怎么这样做事？为什么搞错了不纠正？

我去看张震（注8）同志时，提到杨勇整人，我认为杨勇老婆对我有意见，杨勇听老婆的。杨勇挨整时，他的儿子杨小平在齐齐哈尔当工人，来找我时我不在家，第二次来时我在家，见了，谈了半天，杨小平说，他的单位派他来北京买两辆130汽车，我答应了，考虑这会改善他的处境，就批给杨寿山（注9）同志办了，并问杨小平两辆够不够，是否还要多一点？他说不要了，就两辆。因为第一次不在家，没见，就不得了了，说我不理他。她也找过我，我不在家，这就意见大的很。她跟好多人讲，见人就讲，说我在困难时不理她。我告诉张震同志，我是杨勇同志的下级不错，但林彬（按即杨勇夫人）不要认为我是看家护院的虾兵虾将啊！我并不是保镖。这个娘儿们不好，讨厌她。你的儿子第一次来我不在，怎么见？第二次来见了，事也办了，满足了，还要怎么样？北京搞杨勇问题我就不赞成，对郑维山（注10）同志很有意见。有一次选杨勇做人大代表，有个表格，其中"党员"这一项没有了，北京市革委会十人小组开会，谢富治（注11）也在，我说：什么时候开除了杨勇的党籍？咱们都不知道？党员都不是了？郑维山说，这个人坏得很，攻击我们的副统帅。杨俊生让我少说一点。九大以后卫戍区写工作报告，要开党代表大会，吴岱（注12）副政委看了报告说很好，就是没写打倒杨勇，……我说我们不了解北京军区情况，写那个干啥？我告诉张震，我在卫戍区，一条对整杨勇不满意，是排挤杨勇；还有对整王近山（注13）不赞成，反教条主义的会上，把王近山的男女关系也搞出来，是臭人家嘛！王近山是北京军区副司令，二野里很能打仗；再一个整38军我不赞成，这样有战斗力的部队到哪个大军区都应该特受欢迎，为什么要整人家？北京有山头主义，所以批山头主义我有积极性。

看样子这次落在北京军区手里，傅崇碧整我要整个够。

（五）发言风波

注1：吴忠在1977年3月的中央工作会议上发言谈"天安门事件"，详见"天安门事件"中"八、天安门事件绝对没有打死人"。

注2：杨得志(1911.1—1994.10)，新中国建立后，历任解放军兵团司令员，兼陕西军区司令员，中国人民志愿军副司令员、司令员，济南军区司令员，中共山东省委第一书记，武汉军区司令员，昆明军区司令员，解放军总参谋长、国防部副部长、中央军委常委兼副秘书长等职；1955年被授予上将军衔。是中共八届至十一届中央委员，十一届中央书记处书记，十二届中央政治局委员。

注3：徐立清(1910.4—1983.1)，新中国建立后，历任解放军一兵团政委，中共中央新疆分局副书记，中共新疆维吾尔自治区党委第二书记，解放军总政治部副主任，济南军区政委，成都军区第一政委，全国政协常委、全国人大常委等职；1955年被授予中将军衔。是中共十一届中央候补委员。1977年9月12日参加罗瑞卿召集与吴忠的谈话时为解放军总政治部副主任。

注4：傅崇碧，详见"天安门事件"注40。时任北京军区第一副司令员，并在1977年9月12日被任命兼北京卫戍区司令员。

注5：向仲华(1911.8—1981.)，新中国建立后，历任华北军政大学副政委，中央军委装甲兵副政委、政委，军事科学院副政委，解放军副总参谋长，广州军区政委等职；1955年被授予中将军衔。是中共十届、十一届中央候补委员。

注6：中越打仗，即1979年2月17日至3月16日的对越自卫反击战。

注7：潘焱(1916—1999.4)，新中国建立后，历任贵州军区副司令员，中国人民志愿军军长，北海舰队副司令员，海军参谋长，北京军区副司令员兼北京卫戍区司令员，全国人大常委等职；1955年被授予少将军衔。

注8：张震，详见"天安门事件"注47。

注9：杨寿山(1913—1988.8)，新中国建立后历任中共自贡市委第

一书记,西南地方工业局局长,第三机械工业部局长,第一机械工业部副部长,北京市副市长、中共北京市委书记,卫生部副部长兼国家医药管理总局局长等职。

注10:郑维山,详见"九一三事件"注5。

注11:谢富治(1909.8—1972.3),新中国建立后,历任解放军兵团司令员、中共云南省委第一书记、云南省政府主席,昆明军区司令员兼政委,公安部部长、公安部队司令员兼政委,国务院副总理,"文革"中任北京市革委会主任,中共北京市委第一书记,北京军区第一政委、北京卫戍区第一政委等职;1955年被授予上将军衔。是中共八届中央政治局候补委员、九届中央政治局委员。"文革"后,谢富治被认定为林彪、江青集团主犯,中共中央决定开除其党籍。

注12:吴岱(1918.11—1996.11),新中国建立后,历任中国人民志愿军38军副政委、政委,解放军38军政委,旅大警备区副政委、第二政委,北京军区政治部主任、北京军区副政委,天津市革委会第一副主任、中共天津市委第二书记,北京军区副政委兼政治部主任等职;1955年被授予少将军衔。

注13:王近山(1915.10—1978.5),新中国建立后,历任解放军三兵团副司令员、第12军军长兼政委,中国人民志愿军三兵团第一副司令员,解放军山东军区副司令员、代司令员,北京军区副司令员,公安部副部长等职,后因与其妻离婚受到严厉处分,1968年任南京军区副参谋长;1955年被授予中将军衔。

（六）一九七九年对越自卫反击战

（小标题是整理者所加）

一、提出集中使用坦克开路

中越自卫反击战（注1），中央的战略决策是大胆的。当时世界各国都怕苏联，美国也怕苏联，我们在外交斗争中经常谴责美国怕苏联；现在越南仗着苏联的势力占领了我们支持的柬埔寨，轮到人家看我们怕不怕苏联了。我们的决策说明不怕，教训越南，反击作战。

但战役决策又很胆小。许世友（注2）同志主持广州军区研究作战时，不少同志主张先打高平，有的主张先打谅山，我也赞成先打谅山，因为打高平打不了歼灭战，我们的包围圈子很大，纵深八十公里，要歼灭它是海底捞针，所以俘虏少，但重炮、汽车拖不走，被我们搞到了；除了打死打伤的以外，俘虏很少，都跑到山里去了，回旋余地很大，我们无法通过搜山把打散的人抓住。这是事先估计到的，所以我赞成首先打谅山。我提出打谅山一夜之间可以完成包围，很近，榴弹炮在我们国境内射击就可以掩护部队攻击谅山，榴弹炮可以打十一公里。许世友同志说，你这不是要战略决战吗？我不明白，战略决战有什么困难？我们有绝对优势、压倒优势，为什么要避免决战呢？许司令的意见，第一阶段不能打谅山，那样就搞大了。我认为，强者对弱者，就要求同它决战，不管是战役的、战略的。解放战争，国民党一上来就要同我们决战，敌强我弱，我们就避免决战；到三大战役，我强敌弱，就要求同敌人决战了，东北三省，关门打狗，不让他跑掉；淮海战役、天津战役，都是决战，不理解许司令为什么因为是决战就不能包围谅山？先包围高平，好费事啊！劳师、费时，部队疲惫不堪，没有突然性；谅山方面只是正面进攻，没有切断敌人退路。

总觉得这个决心战役上是胆小的，是按主席对抗日战争初期的战略思想：先打弱小、分散之敌，后打集中、强大之敌。但整个越南同我们比较，他不是强者，是弱者，不能用这个思想来套，应该先打集中、强大之敌，你哪个地方兵力集中我就包围哪儿，我有取胜的绝对把握。战役决心的胆小和战略决心的胆大不相称，什么原因不明白。

战前准备时，总政主任韦国清（注3）同志去龙州检查准备工作，我向他建议还是先打谅山，可以歼灭个把师，如果他增援，还可以歼灭更多一点；打高平海底捞针，搞不到东西。韦国清说，中央已经决定了，不能改变了。

打仗是1979年2月17号，我的免职命令是1月20号下的。1月20号命令到广州军区，各大军区都收到了，北京和其他军区的同志告诉我说已见到免职命令；但我还没见到。据说许司令和向政委及前指一些领导研究后向军委、邓小平建议，暂不公布免职命令，打完仗后再说，军委、邓小平同志批准了，让我作战。我不知道此事，从其他军区的人那里知道下了免职命令。我想你公布了命令不让我去就算了，不公布我就继续工作。

部队一开始调动我就去了42军，战前准备、侦察，我都参加了，北京的作战会议我也参加了。前指在南宁，许世友、向仲华（注4）；副司令是我们三个：江燮元（注5），55军谅山方向；欧致富（注6），广西云南交界方向，指挥41军包围高平；我在龙州、水口方向，从东面包围高平。我凭党性办事，既然没公布免职命令，我还是积极工作，参与战前准备、作战指挥。我这个方向有个想法，装甲兵数量不少，建设时间也有几十年了，解放战争时各野战军都有特纵、坦克，朝鲜战争我们也用了坦克，数量较少，个把连，把坦克当炮用；真正集中坦克部队向敌人进攻，在装甲兵的历史上不多，集中200多辆坦克进攻的情况在装甲兵历史上没有。这次集中较多，我建议把43

军坦克团调来归我指挥;北京军区坦克一师的 130 自行火箭炮营调来后开始归炮兵,我提出这是装甲车体,炮兵难以维修,主要是协同坦克作战,应调给我。这样,43 军坦克团(59 式,口径 100),42 军坦克团(轻型 21 吨,口径 85),加上水陆两用坦克营和北京军区坦克一师的 130 自行火箭炮营,共 200 多个装甲单位,我建议集中使用,前面开路,向政委很同意。许世友同志来龙州,听取汇报时对此部署不赞成,我和向政委坚持,许同意了。

二、集中使用坦克 成效显著

作战指挥所设在 510 高地,我要求设立坦克电台。我、谷景生(广州军区副政委,上甘岭时的十五军政委)(注 7),还有军委装甲兵作战处郭处长,许延滨(军委装甲兵作战参谋,许光达同志之子),装甲兵董副部长,并有炮兵的,以及 42 军政治委员勋励(注 8)在山上。其他如 42 军军长魏化杰(注 9),刘长义(音)同志在基本指挥所。

作战开始比较顺利。43 军坦克在前,42 军在后,我要求三小时拿下东溪县城(距国境线 35 公里),实际用了两小时四十分,打得很好。我在指挥所可以听到各坦克部队之间的通话,要听到哪个地方不对,我马上插进去纠正。打下一个 700 多公尺的山头时,步兵跟不上,掉队了,坦克部队要不要等?他们要请示,我马上插话让他们不要等,单独作战。山上一辆坦克报告起火了,指挥员处理很好,让乘员下来,待坦克爆炸后把残骸推在一边,部队继续通过。后来知道乘员未出来;我问过指挥员,他说当时坦克的乘员想让坦克靠边让开路再出来,结果靠边的过程中坦克爆炸了,几名乘员都牺牲了。

坦克部队打得比较好。要抢占的一个战略要点是东溪和高平之间的弄梅隧道。隧道不长,如果越军把它一炸,我们坦克部队就过不去了,排除障碍花的时间就长了。越军没有炸这个隧道,他们连桥梁也舍不得炸,最多是轻微破坏一下。我要 43 军坦克团派两个坦克连加上步兵营抢占弄梅隧道。坦克团谎报了军情,还没有占领隧道、靠近时就报告占领了,还受到我的表扬。结果42军坦克团二营五连进入隧道时遭到敌人阻击,一下子伤了五辆坦克,后来在步兵配合下才占领了弄梅隧道。战后43军坦克团的团长在武汉被撤职并开除党籍,当时是副团长在前线打。按我的想法应判刑!

坦克部队临近高平时,遭到越军使用苏制导弹的袭击,连续打坏我们十一辆坦克,后面的坦克受阻。只有最前面的一辆坦克没被打上,一直打进高平,从南门打进去,西门打出去,打烂了敌人的炮兵阵地,四名乘员一名牺牲,三人下车等41军的部队时,在西门被俘,交换俘虏时回来,后被复员。我认为这辆坦克在装甲兵历史上应该是英雄坦克,他们很勇敢,并不是贪生怕死,是后续部队没跟上造成的,处理不公正。

42军坦克团106辆坦克参战,到高平还剩73辆,伤亡150多人,损失较大,但比我预想的要好。坦克部队打得很辛苦,到高平80公里路上有几段峡谷,几十公里长,两面山上有许多自然洞,里面有炮,有兵力,若不是坦克开路,用步兵花的时间就长了,三天不一定拿下来。这些洞都被坦克打掉了。

坦克打的是硬仗。第一条,地形对坦克部队作战十分不利,进攻时无法左右展开,峡谷、关口很多;第二条,纵深较大,80公里;第三条,要同敌人五种反坦克武器斗争:反坦克地雷、美式M-16反坦克枪(可打穿轻坦克装甲,打穿后一分钟以内产生高温,坦克内弹药会在高温下爆炸)、40火箭筒、82无后坐力炮,以及冰雹式导弹,同导弹作战还是第一次;第四条,越南军队反坦克作战很有经验,他的反坦克武器布置很得当,在拐弯、盘山道等减速区域,这是一;其次,他部署三层火力,第一层反坦克枪,第二层火箭筒,第三层82无后坐力炮,还有重机枪、轻机枪,把你车打坏,你出来修车时就扫射你;再一个,他一旦发现我们两根天线以上的坦克,就集中火力打掉,两根天线以上的坦克是指挥车,连长、营长、团长的指挥车,所以这次作战指挥车换乘很多。显然,他们反坦克很有经验。所以,这次坦克部队打得比较"过瘾",相比起来,步兵、炮兵不过瘾。同这样的对手,这样多的反坦克武器、这样有反坦克作战经验的对手打,没有过,这样大的规模没有过。这两个坦克团优点、成绩是主要的,非常英勇。

三、攻克高平茶灵广渊后撤军

28号,准备宣布我国要撤兵了,坦克部队统统要回国,打毁的坦克要炸成碎片用汽车拉回国内,战场打扫的很干净。三月一号以后再打就没有坦克部队了。向茶灵进攻时,我的指挥所在南流。敌人在弄垭山口沿公路布了长蛇阵,利用很多自然洞,敌人的残余部队还有两个步兵团一个炮兵团。这时战士非常希望有坦克。42军两个师攻了两天,进展很缓慢;第二天攻下来弄垭山口,但到茶灵的长蛇阵没有拿下来,敌人防御很顽强,我们伤亡很大。三月二号晚下大雨,我要求必须打下来。战士们很勇敢,把敌人切断成几截,经过两小时混战打下了茶灵。我看124师大多数战士的帽子都没有了,裤子被撕的乱七八糟,有的变成了裙子,但情绪都很高,喜笑颜开。看他们吸烟很好玩,一人吸一口往后传,吸一口往后传,一支烟吸完扔了。

54军的韩怀智同志(现在的副总参谋长)(注10)带一个师,我要他从弄垭山口由北向南打广渊,他们一下子就把广渊拿下来了,和42军125师会合,这样我手里就有两条公路,一条是高平—弄垭山口—广渊—复和到龙州,另一条是高平—弄梅隧道—东溪—复和再到国内,伤员后送、弹药和炮兵的调动就比较灵活了。打下六个县市(五个县城,一个省会),坦克部队打得比较满意,42军、54军都不错。

这一段比较可惜的是没有许延滨的录音机。头一天作战直到天黑,43军坦克团报告占领了弄梅隧道,我在报话机上表扬他,都是许延滨传达的,许延滨的录音机都录了。那天晚上我把许延滨留下了,我考虑许光达同志就这一个儿子,进到里面去情况很复杂,敌人是全民皆兵，到处都打，所以把许延滨留下了，让他了解125师情况；他还是要去，我让他不要去，留下了，所以在里面没有录音。坦克部队打得好。

关于伤亡情况。我在510高地，就有三发炮弹打到指挥所，伤了二三十人，主要是警卫连的；随我进去的女护士小曹，左腿二十多处伤口，很坚强，让她下山她不下；军政委勋励同志负了轻伤；许延滨也打了一个包。我们从东溪出来，坐敞篷汽车上，警卫连战士突然说"把我屁股打了"，也不知从哪个方向打来的。打茶灵时，我坐吉普车，三十八医院的护士小周和张秘书让我坐中间，他们坐两边，意思是两边打来的子弹先打他，保护我，我说"子弹从前边打来呢？"都是很好的同志。小曹护士在医院换了药以后，又跟着部队追上来了，一直追到高平，负了伤也上来了，我建议给她立二等功，后来立了三等功。换的护士小周后来和我的司机小杨结婚了，都是山东人。

这次作战，战前领导同志编号，司令员是一号，政委向仲华二号，江燮元三号，按常委排列，黄荣海（注11）同志后面是我，欧致富在我后面，黄荣海没去，结果欧致富四号，我是五号，我看与我的免职命令有关，上面过得去。中央慰问团来，欢迎慰问团要见报，请示许世友同志，他说按常委顺序，我又排在欧致富前面了。

打下东溪后进展较快，很快打到高平城下，20号接到许世友发的电报，说打高平统一由欧致富副司令员指挥，解除了我的指挥，连协助的任务也没有，但我还在前线。没任务了，我到42军军部找肖部长肖剑飞（注12），说凭党性办事。肖是总参派来的观察员，训练部的副部长，党性很强，我交代42军马上向欧致富副司令员报告情况，并且也电告欧副司令，以后由他指挥。在高平城下等了两天，41军部队没到，原定合围，高平周围的山头都拿下来了，41军没到，我考虑让42军先进城。给许司令、向政委发电报，为防越军大部队增援时腾不出手，建议如果41军两天内还到不了，54军就先不打广渊，要尽快打下高平，不宜再拖。后来接到许世友司令的电报，说请示了军委，军委"同意吴忠同志建议，打高平统一由吴忠同志指挥，韩怀智同志带 162 师当天晚上到那维前去报到。"韩怀智同志动作很快，当晚带部队出发，天不亮就赶到了。41 军在打下高平好几天后才到，我找到 41 军副军长毛余（注 13），他带着 121 师，见到我就哭了，说"弹尽粮绝"。这时 42 军已打下高平正向茶灵方向进攻。毛余说他的部队分散，没有一条公路搞通，炮也上不来，坦克也上不来，只有步兵上来了，伤员不少，有 300 多伤兵，伤口已经化脓，无法后送；我让 42 军勋励把这些伤兵通过东溪转送到国内，并给毛余补充了不少粮食、罐头、弹药等物品，还把韩怀智的 130 火箭炮营配属给毛余，敌人增援时可以用火箭炮还击。直到打下茶灵、广渊，撤兵回到国内，我都没有与欧致富同志会师。毛余和勋励同志后在坦桑尼亚当顾问，现在广州军区当顾问。

打下高平后，那里的桥梁、重要的工厂、广播电台等设施要不要破坏？我发电报建议破坏，以给越南的经济制造更大的困难。中央回电，要求把所有工厂、桥梁、涵洞、广播电台、公共设施，包括省政府办公楼，统统炸掉。我们把电线杆锯掉，高压线收了，破坏得很彻底。

战斗伤亡不少。42 军伤亡 3000 多人，加上 129 师，4000 来人，其中亡的超不过三分之一，最高的是一个副师长；装甲部队，126 师水陆两用坦克团的政委牺牲了。算上 54 军、43 军的两个师，伤亡五六千人。炮缴获不少，他拉不走；炮兵打得很好。

越南作战，部队带三天干粮，第四天就没吃的了；压缩饼干不好吃，不成功。罐头，有的里面是白菜帮子，战士骂街；肉罐头有的是大肥肉，半桶油。美军战场上的食品供应搞得好，黄豆牛肉罐头，有胡萝卜，有营养；有三根香烟，几根火柴，一包咖啡。

注 1：对越自卫反击战：随着中美关系逐渐正常化，越南当局开始全面投靠苏联，特别是在越南实现国家统一后，其称霸东南亚的野心更加膨胀；越南当局一方面蓄意恶化中越关系，不断挑起边境冲突，蚕食我国领土，另一方面又在 1978 年底悍然派兵入侵柬埔寨。为了维护中国的边境安全、打击越南在东南亚的扩张气焰，中国于 1979 年 2 月 17 日，发起了对越自卫反击作战；达到战役目标后，至 3 月 16 日，全部参战部队撤回中国境内。

注 2：许世友（1905.2—1985.10），新中国建立后，历任山东军区司令员，华东军区第二副司令员，解放军副总参谋长，南京军区司令员，国防部副部长兼南京军区司令员等职，"文革"中任江苏省革委会主任，广州军区司令员、党委第一书记，中央军委常委；1955 年被授予上将军衔。是中共八届中央候补委员，九届、十届、十一届中央政治局委员。对越作战时为广州军区司令员，东线总指挥。

注 3：韦国清（1913.9—1989.6），新中国建立后，历任赴越南军事顾问团团长，公安军副司令员，广西省长、中共广西省委书记，广西壮族自治区政府主席、中共广西自治区党委书记，广州军区第一政委，广东省革委会主任、中共广东省委第一书记，解放军总政治部主任、中共中央军委常委、副秘书长，全国人大常委会副委员长，全国政协副主席等职；1955 年被授予上将军衔。是中共八届中央候补委员、委员，九届中央委员，十届、十一届、十二届中央政治局委员。对越作战时为解放军总政治部主任。

注 4：向仲华，详见"发言风波"注 4。对越作战时为广州军区政委。

注 5：江燮元（1914.11—1990.5），新中国建立后，历任解放军副军长、军长，广州军区副参谋长、副司令员等职；1955 年被授予少将军衔。是中共九届、十届中央委员，十一届中央候补委员。对越作战时为广州军区副司令员。

注 6：欧致富（1913.11—1999.），新中国建立后，历任解放军师长、军分区司令员，副军长，广州军区副参谋长，广西军区司令员，广西壮族自治区革委会第一副主任，广州军区副司令员等职；1955 年被授予少将军衔。对越作战时为广州军区副司令员。。

注 7：谷景生（1913.7—2004.11），新中国建立后，历任解放军军政委兼中共昆明市委书记,中国人民志愿军军政委,解放军防空军副政委,国防科委五院政委,广州军区副政委,中共新疆维吾尔自治区党委第二书记兼乌鲁木齐军区政委、新疆生产建设兵团第一政委等职;1955年被授予少将军衔。对越作战时为广州军区副政委。

注8:勋励,生于1926年5月。曾任解放军团长、师长、师政委、军副政委,赴坦桑尼亚军训团团长、政委;对越作战时任42军政委,战后任广州军区第一副政委。

注9:魏化杰(1922.11—2013.6),曾任解放军团长、副师长、师长、副军长、代军长,广东省惠阳地区革委会主任、中共惠阳地委书记,军长等职;1955年被授予上校军衔。对越作战时任42军军长。

注10:韩怀智(1922.4—2003.4),历任解放军团长,中国人民志愿军副师长,解放军师长、军参谋长、军长;后任解放军总参谋长助理、副总参谋长;1955年被授予上校军衔,1962年晋升为大校,1988年被授予中将军衔。1979年对越作战时任54军军长。

注11:黄荣海(1916.8—1996.10),新中国建立后,历任解放军师长、副军长,省军区副司令员、司令员,中共广州市委第一书记,广州市革委会主任、广东省革委会副主任,广州军区副司令员;1955年被授予少将军衔。是中共九届、十届、十一届中央候补委员。对越作战时任广州军区副司令员。

注12:肖剑飞(1917—1993.1),新中国建立后,历任中国人民志愿军副师长、副军长,福州军区副参谋长,总参作战部副部长,中央军委办公厅主任,总参测绘局副局长等职;1955年被授予大校军衔,1964年晋升为少将。1979年对越作战时任总参军训部副部长。

注13:毛余(1926—1994),历任解放军副团长、团长、副师长,军副参谋长、参谋长、副军长,赴坦桑尼亚军训团团长等职;1979年对越作战时任41军副军长。

（七）对党内斗争的看法

（小标题是整理者所加）

一、党内高级政治生活不正常

我参加革命五十三年了，经历了很多，感到党内斗争很多是偏激、偏重了，正常的也有，少。

我佩服彭老总（注1），同情彭老总，为他平反我很拥护，但我们党内在处理彭德怀问题时有几个站在彭一边替他说话？好像是毛主席一个人做的决定，其实大家都跟上去，都贬彭德怀。

文化大革命期间，说贺老总（注2）是土匪，刘帅（注3）也这样说，我很不舒服。总理倒没说。就算是土匪，南昌起义人家是军长，北伐军的军长；洪湖、湘鄂西，两把菜刀闹革命；抗日战争是120师师长，后来又是元帅，为什么要跟着人家说他是土匪？聂老总（注4）也这样说啊！

1959年庐山会议批判彭德怀，以后在中南海批判彭德怀，那时我在机械化师当师长，参加了会议，感觉到会议的气氛不大舒服。不管怎么说，彭德怀是有功劳的，平江起义不算晚。斗争过火了。比如罗瑞卿（注5）同志指着彭德怀的鼻子训斥：你说长征中我们一军团杀你三军团掉队的人，彭说"没说过"，罗说"说过！"林彪主持会议，在后面说：造谣！可耻！我们不了解情况，只是感觉很过火、刻薄。林彪讲得更狠了，说彭有野心，原来叫彭得华，要得中华，叫石穿，滴水穿石。唯心得很！没有一个人替彭说话。总理说彭很像冯玉祥（注6），是个伪君子。这样评价彭，我听了也不舒服。陈老总（注

（七）对党内斗争的看法

7）在党内以直爽著称，口才好，他说彭在朝鲜时写过一首诗，里面有一句"饮马洛东江"，要打到釜山，把美国赶出朝鲜，陈老总以讽刺的口吻说：啊！成了诗人了！我听了很不舒服。彭德怀很冷静，也没发火，庄重地坐着，顶着压力。这次中南海会议，我的印象很不好。

批判彭德怀时，没有一个人站在彭一边替彭说半句话，可能有但我不知道。当然是毛主席要整彭德怀。我最赞成黄克诚（注8）同志的讲话，他在谈到对毛主席评价时说的；他受了很多冤枉，文革时搞到山西那么多年。他说，我们当时在中央工作，参加中央做出这些决定的时候，我们如果都反对，毛主席能犯那样大的错误？我认为他的这个话是很公道的，他不只是指彭德怀的事。有人说，毛主席多霸道，谁敢说啊！我不赞成。你当政治局委员、常委，毛主席讲的你不敢说，不是混饭吃吗？如果大家替彭德怀说话，不赞成那样整彭，我不相信毛主席一个人做决定处理彭德怀。现在好像大家都同情彭，当时是这样情况吗？要公道。这种不公道很不好，对我们党的政治影响不好。我对总理很尊敬，可他在九大上的讲话不好，他说，南昌起义的优秀代表、我们的副统帅林彪同志，到井冈山与伟大领袖毛主席会师了。我听了不舒服，历来讲朱毛会师，朱德就坐在前台，总理为什么要这样讲呢？林彪那时是连长，和陈毅同志都不能比，怎么能和朱老总比呢？朱德的扁担也在林彪肩上扛？我们党的高级政治生活不正常。

为彭德怀平反是应该的，我很赞成；但在庐山会议上谁替彭德怀同志说过话？我赞成黄克诚同志讲的：当时我们在中央工作，中央作出这个错误决定，我们参加讨论、参加研究，如果我们反对的话，毛主席能犯这样大的错误码？有人说，那不能反对呀，毛主席厉害得很、独裁得很呀！我不赞成。你还是害怕呀，那你当政治局委员、当副主席、常委，不能混饭吃啊！我赞成黄克诚。当然毛主席的责任大，但参加会议的、赞成决定的，都有责任。为彭德怀平反时应该说清楚，当时没有给毛主席当好参谋，有责任。黄克诚的观点是马克思主义的，我拥护。党风不正。不从这些问题上搞起，不从上面搞起，党风端正得了吗？端正不了！

彭德怀有缺点。反教条主义整刘帅，说把苏联的条令都照搬到中国了，但哪个条令没有你国防部长签字呀！你能说不知道？朝鲜战争180师被搞掉了（注9），彭说：不是说刘瞎子的部队能打仗吗？怎么不能打啊？这个话说得不像话，部队是归你指挥的，怎么能怪刘帅？还刘瞎子呢，不尊重。刘帅德高望重，教条主义作了检讨，说光讲战术不讲战略，军事冲击了政治，检讨很深刻。眼睛看不见，上台都站不稳，主席让他坐下他不坐；肖华（注10）不错，扶他坐下他不坐，检讨嘛！我看了心里很不是味道，彭老总喜笑颜开。陈毅、邓小平在批刘伯承时说了好话。邓小平说，毛主席讲过，刘很支持政治委员制度，对政委很尊重；陈毅说了好话。这时罗帅（注11）在，也说了刘帅的好话。这次会，总政搞得很凶，肖华是副主任，主任是谭政（注12）；肖华很活跃，动员写大字报。我在的小组，组长邓华（注13），副组长程世才（注14），我发言，说拥护批肖克（注15）的教条主义，但引进这些条令，照抄照搬，总政什么态度？是反对还是赞成？我认为总政是赞成的，发文号召大家学习五个条例，怎么都成了肖克的、刘伯承的？总政一点责任没有？为什么没有自我批评？好家伙，我发言时总政姓邵的一个处长刷刷记录，整理好要出简报，叫我修改，准备整我。我一看记得很好，都是我的话。没什么可改的；再一想，简报一出来不就要批判我？会议有规定，发言允许收回，我就宣布收回我的发言，简报上一句：吴忠同志的发言已收回。熟悉的同志问我发言内容，为什么收回？我说没什么，只是给总政提了点意见。我知道不会放过我的，果然机械化师反教条主义搞了四十三天。

那时机械化师有好多苏联顾问，苏联是一长制，"师长决心图""团长决心图"等等，我们有政委，应该是"首长决心图"，包括政委、副师长、副政委，是集体领导。有位老兄揭发我教条主义，说我玩弄语言技巧，耍花招。重点是批参谋长，第一副师长兼参谋长。

反教条主义，我对彭老总印象不好，总政推卸责任，我在会上发表了意见，后来又收回了；当时黄永胜（注16）也发言提了意见，

（七）对党内斗争的看法

家属问题等，甘泗淇（注17）发言好一顿批判黄永胜。

文化大革命中，江青在一次大会上公开宣布说谭震林是大叛徒，我听了很反感。她这样讲话，我们中央的其他领导同志指责过她吗？我没听到。当时在场的中央领导不会太少，她哪有权力讲这些话？不正常。刘少奇定为叛徒、内奸、工贼，就是专案组搞了一个材料，江青第一个在材料上批的，说刘是叛徒、内奸、工贼，传阅传到康生，康生把江青歌颂了一番，总理也把江青批的这段话歌颂了一番，这都有档案。看起来好像是毛主席给刘少奇定的叛徒、内奸、工贼，我看不是，他相信了这些材料，偏听偏信。有的同志对主席说：主席，我有错误；主席说：我的错误比你大，偏听偏信。当然这些话没有向下传达。

我到了卫戍区，首先要看卡片。卫戍区在公安干校、交通干校、四方庵（音）监护了很多人。那时温玉成（注18）副总长兼卫戍区司令，我是第一副司令，政委谢富治、吴德等几个。我看相当一部分被关的人是总理批的，有的是总理建议、毛主席同意，林彪跟着同意、完全同意。当然，总理这种做法也是好意，隔离起来群众就不能随便斗了，不受喷气式的苦了。张霖之（注19）是中央委员、煤炭部长，被活活打死，总理讲过好几次"我没有把他保护好"，很沉痛。张霖之性格爽直，很公道。我说过，幸亏我在军队工作，如果在地方，非打死我不可，因为让我低头我不干，不干就打，打我也不干，狠打不就打死了吗？在锦州时，要在地方工作就被打死了。总理的意图是保护这些同志，有些先后出来工作了，对总理很感激，万里（注20）同志就是一个。

在广州当过市长的朱光（注21）怎么死的，我不清楚。

贺老总有一段住在西山，是总理的房子，总理让他住的；下面一栋是乌兰夫（注22）同志住。电影上，老部下看望他是隔着铁窗说话，哪来的铁窗？房子怎么能没有水，还要接雨水？不对嘛！虽然电影允许夸张，但要有历史的真实性，人家要问贺老总在哪个监狱，谁能回答？这样把历史搞乱了。九大时，贺老总很高兴，穿上他的衣服，但九大没让他参加,他情绪很不好,后来就病了。《元帅之死》按这个写法,历史的真实性在哪里?很多人说我傲气很大,我参加革命是干革命,一不混官做,二不混饭吃,因此不需要投机,不需要溜须,不需要拍马,不需要搞鬼。总理对贺老总一直说好话,杨德中(注23)最清楚,他是总理的联络员。

这些被保护的同志当时很感谢总理,但现在是否赞成总理用这种方法保护他,我看不见得!当时感激,现在是否还是当时出来的那种心情,不见得!好多同志只说文革中关了多少多少年,没听说哪个同志在粉碎四人帮后讲总理关你是保护你。

我到卫成区,对监护人员状况改变了不少。如罗瑞卿的腿,他两个腿都断了,解手、特别是大便时在洋灰上碰,都要出血,疼得要命。曾绍东介绍时光讲情况,不讲措施;我让他找人做一个高马桶,使罗瑞卿在拄双拐的情况下可以坐到马桶上,不着地,这样就可以不流血了;后来拖延了四五次,曾说:谁负责任?我说:你去做,我负责任!做好后罗瑞卿同志解手时腿不着地,不疼了,喊毛主席万岁,其实毛主席知道什么,是我给他搞的。我知道这类事如果在办公会上讨论,就做不成了。我想过,有人会说"彭罗陆杨(注24)啊,你什么感情?"我会回答:要有起码的人道主义吧!有人"左"得出奇,极"左"在文化大革命登峰造极了。

二、要说公道话,不报复、不整人

我是1968年5月13号到北京的,杨余傅(注25)事件以后,担任第一副司令。党内这样的事很多。原来司令员傅崇碧,书记黄作珍(注26),现在改组了,我和杨俊生来。到新的单位有两种做法,一种做法是超脱,不要整老班子的同志,不要添油加醋,尽量对原来班子的同志说些公道话,这样有利于团结。我们党内每一次运动都是搞过的时候多,过分,其实查清后不见得有多大问题。第二种做法我也见过很多,为了让组织上更信任你,就狠整老班子的同志,对被调

（七）对党内斗争的看法

出去的、对靠边的狠整，是私心杂念，讨好上级领导，把问题搞得过分，无限上纲；以后问题查清，无限上纲的东西谁负责？把原来的班子说得一无是处，这种做法很多，后果都不好。所以我到卫戍区，采取前一种办法。

我刚来，温玉成在西单召集卫戍区四个师的团以上干部开会，批判杨余傅，主要是批傅崇碧，我说刚来还不熟悉情况，没参加。杨俊生同志比我晚到十天，我说西单招待所团以上干部会我们俩不参加，因为不了解情况，杨俊生同志同意我的意见，我们一起下部队，四十多天的会一次也没参加。

我到卫戍区时文化革命已经三个年头。我想，改组一个单位的领导班子，意味着组织上对原班子不信任，对新班子信任。新班子对原班子有两种做法，你搞过头的东西不一定让组织上更信任你，对党的建设、军队建设有什么好处？查清问题后，你搞的过头的东西谁负责？当然是你负责。

西单招待所的会议简报等材料送给我们，我和杨俊生同志一份都没看，也不看，也不画圈，也不批字。会议结束，让我们去西单招待所见见团以上干部，我们去了。

杨俊生同志到后，卫戍区开了一个欢迎大会，师以上干部、卫戍区机关干部参加。杨俊生同志要我代表两人讲话。我从40军带来的秘书李维赛同志对我说，讲话还是要讲部队的优点、机关的优点，我说对呀，我们这几天一面看一面议论过，机关很好，部队也很好；我让李维赛起草讲话提纲，肯定了部队的优点、机关的好作风。

傅崇碧原是北京军区副司令兼卫戍区司令，谢富治是第一政委、第一书记，吴德第二书记，黄作珍书记，刘绍文（注27）政委。说傅崇碧带枪冲钓鱼台、冲中央文革，江青加的罪名。九届二中全会后的华北会议上，毛主席批了三十八军的报告，说陈伯达在军队没有职务，为什么常到北京军区、内蒙、山西各地巡视？陈伯达成了北京军区的太上皇。会议批判李雪峰（注28）、郑维山（注29）。江青到会，讲傅崇碧冲钓鱼台，皮包里有四支手枪，用皮包打她的脊梁骨。

实际上是傅崇碧的秘书冯正午有癫痫病，跟着傅崇碧进去，看到江青发脾气，犯病了，一下子倒下去，皮包摔出去，离江青近一点，她就说打她的脊梁骨，皮包里还有手枪；马上姚文元说：我可以证明，皮包里是手枪，后面车上还有机关枪。荒唐之极！司机都在，哪里有什么机关枪？手枪是保险柜里找到的，不是皮包里面。以后开批陈整风汇报会，江青参加了华北组会议，她一来冷气不能开了，大家热得受不了。她突然手一伸说：吴忠同志，你还欠我的帐呢！我莫名其妙，没回答。回来后问吴德同志，吴德也不清楚；我说，是不是江青说傅崇碧带枪冲中央文革，姚文元作证说后面车里还有机关枪，现在傅崇碧下去了，你吴忠应该写个材料、搞个证据向我报告，江青会不会是这个意思？吴德说也有可能。此后我没做出反应。九一三事件后，开批林整风汇报会，华北组在陕西厅，江青又来参加了。会议期间江青又伸手说：吴忠同志，你还欠我帐呢！我也没头没脑地说：搞了四五个人，调查了好久，也没搞出什么名堂。她也没再追问。

我受审查期间，傅崇碧来看我，我说，我跟其他同志也是这样说，我不欠傅崇碧同志的帐。四十多天的团以上干部会我没参加；送来的材料我没看，没画圈，也没批字；我讲话没说过部队被傅崇碧搞坏了；江青两次伸手说欠她的帐，我也理解她的意思是要搞个假证据，我没讨好江青整你傅崇碧，不欠你的帐。我和傅崇碧讲过几次不欠他的账，至于他欠不欠我的帐是另一个问题。

我的性格，别人整过我，我翻过来得势了，绝对不整别人；我认为，给人家搞莫须有的罪名，为讨好上面而狠整别人的同志是小人，如果我得势了反过来整你，来报仇，我也是小人，一样的货色！我一生中没做过这样的人，反而过去整我的人挨整时，我替他们说话，阴法唐（注30）就是一个。

阴法唐当团政委时我当旅长，民主大会给我提意见，尖酸刻薄。文化大革命时整阴法唐，他是西藏军区政治部主任，说他是支一派压一派的代表，我就不服气：阴法唐又没有夺你司令政委的权，又没有夺你西藏军区党委的权，支左是党委、副司令、副政委、司令、政委

（七）对党内斗争的看法

去支左嘛，怎么他成了支一派压一派的代表呢？斗他的时候很紧张，我让他小孩转告，叫他来我这里一趟，派车把阴法唐接到家里，告诉他检讨要实事求是，不是你的事不要安，要沉住气，不要紧张。后来被搞到盘锦农场劳动，养猪，手都拳不拢了，他老婆去看他，我让四十军接待，给派车送到盘锦农场看望阴法唐。后来我又打电话给六十四军同志（那里归六十四军管），说阴法唐打仗很好，工作很好，身体搞坏了以后怎么工作？六十四军就让他疗养。他小孩当兵，妹妹当兵，我都办了，我不怕犯嫌疑。阴法唐解放时，我给陈锡联同志讲，他就是中印边界反击战（注31）时419部队（注32）的政委，打仗很好，陈锡联安排阴法唐担任辽宁省军区政委，后来总政安排他到福州军区当副主任，以后又担任济南军区副政委，从济南又到了西藏。我没有因为他给我提意见尖酸刻薄，在他倒霉时就落井下石。

我们军队的文化大革命，坏就坏在这个问题上。你整他，他翻过来又整你，没完没了，地方也是这样。

总之，到一个新单位，特别是改组班子的单位工作，取第一种做法是妥当的，取第二种做法是有私心杂念的，起码是缺乏经验。党内这种情况，采取第二种做法的人比较多，采取第一种做法的人比较少。但我不搞鬼，不能保证别人不搞我的鬼，所以到北京工作后我高度警惕。文化革命，在北京工作这么多年，我没有陷在林彪、江青、四人帮里面去，说明高度警惕是对的，成功的。

注1：彭老总，即彭德怀（1898.10—1974.11），中华人民共和国元帅。"彭老总"是广大军政干部对彭德怀元帅的敬称。新中国建立后，历任中共中央西北局第一书记、西北军政委员会主席，中央军委副主席，中国人民志愿军司令员兼政委，国防委员会副主席，国务院副总理兼国防部长等职。是中共六届、七届、八届中央政治局委员。在1959年遭到错误的批判，"文革"中被迫害致死。

注 2：贺老总，即贺龙（1896.3—1969.6），中华人民共和国元帅。"贺老总"是广大军政干部对贺龙元帅的敬称。新中国建立后，历任中共西南局第三书记、西南军区司令员、西南行政委员会副主席，国家体育运动委员会主任，中央军委副主席，国务院副总理，国防委员会副主席等职；是中共七届中央委员，八届中央政治局委员。在"文革"中遭到错误的批判，被迫害致死。

注 3：刘帅，即刘伯承（1892.12—1986.10），中华人民共和国元帅。"刘帅"是广大军政干部对刘伯承元帅的敬称。新中国建立后，历任西南军政委员会主席、中共中央西南局第二书记，解放军军事学院院长兼政委，中央军委副主席、军委训练总监部部长，国防委员会副主席，解放军高等军事学院院长兼政委，全国人大常委会副委员长等职；是中共七届中央委员，八届至十一届中央政治局委员。在 1958 年遭到错误的批判。

注 4：聂老总，聂荣臻（1899.12—1992.5），中华人民共和国元帅。"聂老总""聂帅"是广大军政干部对聂荣臻的敬称。新中国建立后，历任中央军委秘书长兼解放军代总参谋长，国防委员会副主席，中央军委副主席，国务院副总理兼国家科委主任、国防科委主任，全国人大常委会副委员长等职；是中共七届至十届中央委员，八届、十一届、十二届中央政治局委员。

注 5：罗瑞卿（1906.5—1978.8），详见"天安门事件"注 33。

注 6：冯玉祥（1882.11—1948.9），原为军阀，拥护孙中山"联俄联共扶助农工"的三大政策，率部参加北伐战争；"九一八"事变后主张抗日，曾组织察哈尔民众抗日同盟军对日作战；以实行抗日为条件出任国民政府军事委员会副委员长，全面抗战爆发后曾任三战区、六战区司令长官，军政部部长等职；抗战胜利后反对蒋介石的内战、独裁政策，支持人民的爱国民主运动，被选为中国国民党革命委员会（民革）中央常务委员和政治委员会主席；1948 年 9 月 1 日，冯玉祥在应中共中央邀请、回国参加中国人民政治协商会议筹备工作途中，因轮船失火遇难。

注 7：陈老总，即陈毅元帅，详见"天安门事件"注 5。

（七）对党内斗争的看法

注8：黄克诚，详见"九一三事件"注21。

注9：朝鲜战争180师被搞掉：1951年4月，中国人民志愿军发起第五次战役，三兵团六十军180师由于上级指挥失误等原因，在后撤过程中陷入美军重围，伤亡二千余人，突围返回四千余人，因弹尽粮绝、近四千人被俘，造成重大损失。

注10：肖华（1916.1—1985.8），新中国建立后，历任解放军空军政委、总政治部副主任、总干部部部长、总政治部主任，中央军委常委、副秘书长等职；1975年后，历任解放军军事科学院第二政委，兰州军区第一政委、中共甘肃省委书记，全国政协副主席。1955年被授予上将军衔；是中共八届、十一届、十二届中央委员。

注11：罗帅，即罗荣桓元帅，详见"天安门事件"注6，"罗帅"是广大军政干部对罗荣桓元帅的敬称。

注12：谭政（1906.6—1988.11），新中国成立后，历任中南军区暨第四野战军第三政委兼干部管理部部长，国防部副部长，解放军总政治部第一副主任、总政治部主任，中共中央军委常委；1960年受到错误的批判；1975年任中央军委顾问。1955年被授予大将军衔；是中共八届中央委员、中央书记处书记，一届、五届全国人大常委会委员。

注13：邓华（1910.4—1980.7），新中国建立后，历任广东军区第一副司令员，第十三兵团司令员，中国人民志愿军第一副司令员兼第一副政治委员、代司令员兼代政治委员，沈阳军区司令员，解放军副总参谋长，军事科学院副院长等职；1955年被授予上将军衔；是中共八届中央委员，九、十、十一届中央候补委员。

注14：程世才（1912.8—1990.11），新中国建立后，历任公安军第一副司令员，沈阳军区副司令员兼沈阳卫戍区司令员，军委装甲兵副司令员。1955年被授予中将军衔。

注15：萧克（1907.7—2008.10），新中国建立后，历任军委军训部部长，国防部副部长，军委训练总监部副部长、部长，1958年受到错误批判，后任农垦部副部长，解放军军政大学校长，军事学院院长兼第一政委，国防部副部长兼军事学院院长、第一政委，全国政协副主席等职；

1955年被授予上将军衔；是中共八届中央委员，十届中央候补委员，十一届中央委员。

注16：黄永胜，详见"九一三事件"注6。

注17：甘泗淇(1904.12—1964.2)，新中国建立后，历任第一野战军副政委兼政治部主任，中国人民志愿军副政委兼政治部主任，解放军总政治部副主任等职；1955年被授予上将军衔；中共八届中央候补委员。

注18：温玉成(1915.10—1989.10)，新中国建立后，历任解放军四十军军长，中国人民志愿军四十军军长，广州军区参谋长、副司令员兼参谋长，解放军副总参谋长兼北京卫戍区司令员，北京市革委会副主任、第一副主任，成都军区第一副司令员等职；1955年被授予中将军衔；是中共九届中央委员。

注19：张霖之(1908—1967.1)，新中国建立后，历任第二机械工业部副部长，第三机械工业部部长，电机制造工业部部长，煤炭工业部部长等职；是中共八届中央候补委员。"文革"中被毒打身亡。

注20：万里(1916.12—2015.7)，新中国建立后历任西南军政委员会工业部副部长、部长，国家建筑工程部副部长、城市建设总局局长、城市建设部部长，中共北京市委书记处书记、北京市副市长、北京市革委会副主任，铁道部部长、轻工业部第一副部长，中共安徽省委第一书记、安徽省革委会主任，国务院副总理，全国人大常委会委员长；是中共十一届、十二届中央书记处书记，十二届、十三届中央政治局委员。

注21：朱光(1906.11—1969.3)；新中国建立后，历任广州市副市长、市长，中共广州市委副书记、书记，广东省副省长，国务院对外文委副主任，安徽省副省长等职；"文革"期间在合肥被迫害致死。

注22：乌兰夫(1906.12—1988.12)，新中国建立后，历任内蒙古自治区人民政府主席、中共中央内蒙古分局书记、内蒙古军区司令员兼政委，绥远军政委员会副主席、绥远省军区副司令员、中共中央绥蒙分局书记、绥远省人民政府主席，中共中央华北局副书记、第二书记，中共内蒙古自治区党委第一书记，国务院副总理，中共中央统战部部长，全国政协副主席，全国人大常委会副委员长，国家副主席等职；1955年被

（七）对党内斗争的看法

授予上将军衔；是中共八届中央政治局候补委员，十届中央委员，十一届、十二届中央政治局委员。

注23：杨德中，生于1923年10月，详见"九一三事件"注8。

注24：彭罗陆杨。1965年底至1966年5月，当时的中共中央书记处书记、国务院副总理、解放军总参谋长罗瑞卿，中共中央书记处候补书记、中央办公厅主任杨尚昆，中共中央政治局候补委员、中央书记处书记、国务院副总理陆定一，中共中央政治局委员、中央书记处书记、中共北京市委第一书记彭真，先后受到错误批判，被称为"彭罗陆杨反党集团"。

注25：杨余傅。1968年3月22日，时任解放军代总参谋长杨成武，空军政委余立金，北京卫戍区司令员傅崇碧被突然宣布解除职务、关押六年之久，称为"杨余傅事件"。

注26：黄作珍（1914—1991.1）；新中国建立后，历任华北军区陆军军官学校政治部主任，解放军第六高级步校政治部主任，华北军区政治部组织部部长，解放军军政委，北京军区政治部副主任，北京卫戍区第二政委、政委，中共北京市委书记，北京市革委会副主任等职；1955年被授予少将军衔；是中共九届、十届、十一届中央候补委员。

注27：刘绍文（1912—1981.6）；新中国建立后，历任解放军总干部部组织统计部副部长，山西省军区副政委，北京卫戍区副政委、政委，北京市革委会副主任，中共北京市委书记等职；1955年被授予少将军衔。

注28：李雪峰（1907.1—2003.3），新中国建立后，历任中共中央中南局副书记，中南行政委员会副主席，中共中央副秘书长，中共中央华北局第一书记兼北京军区第一政委，中共北京市委第一书记，河北省革委会主任、河北省军区第一政委，全国人大常委会副委员长等职；是中共八届中央委员、中央书记处书记、中央政治局候补委员，九届中央政治局候补委员。

注29：郑维山，详见"天安门事件"注5。

注30：阴法唐，生于1922年7。新中国建立后，历任解放军师副政

委、西藏江孜军分区政委、中共西藏江孜地委书记，对印反击作战前进指挥部政委，西藏军区政治部主任，福州军区政治部副主任、主任，济南军区政治部主任、济南军区副政委，中共西藏自治区党委第一书记、成都军区副政委兼西藏军区第一政委，第二炮兵副政委等职；1955 年被授予上校军衔，1962 年晋升为大校，1988 年被授予中将军衔；是中共十二届中央委员。

注 31：中印边界反击战：在英国统治印度期间，对中国西藏和新疆进行侵略扩张活动，种下中印争执祸根；印度独立后继承了对中国的侵略扩张政策，不断侵占中国领土，支持、怂恿藏独势力，无视中国政府和平解决边界问题的真诚努力，蓄意挑起边境争端，制造边境紧张局势，为保卫边疆安全，回击印度的疯狂挑衅，中国于 1962 年 10 月 20 日开始发起自卫反击作战，至 11 月 21 日基本结束，中国军队主动停火、后撤，释放被俘印军官兵。

注 32：419 部队：在中印边境自卫反击战中，解放军 18 军 52 师代号为"藏字 419 部队"（作战前期曾为西藏军区前进指挥部），阴法唐是政委；该部队在克节朗之战中全歼印军第七旅，俘获其旅长，又参加了全歼印军 62 旅和炮 4 旅的西山口-邦迪拉之战，击毙 62 旅旅长，战绩卓著。

（八）杂忆六则

（小标题为整理者所加）

一、李讷和李敏

我到北京时接触过李讷（注1），她当时在解放军报社。毛主席分批接见部队团以上干部，我们列队跟着主席陪同接见，每次都有李讷，原因可能就是她担任军报负责人。她见到我们叫"叔叔"，不傲气；照相时大家让她站到前排，她不去，说自己是小孩，退到后面，给我印象是好的。

九大以后，据说毛主席让李讷到下面锻炼一下，不知怎么搞的，就到北京当市委书记了，这算下去锻炼吗？我想这不是毛主席的本意。

北京军区在怀柔水库搞游泳比赛，这天李讷约好下午三点到我办公室，所以我三点前回到卫戍区。她来后我提出请杨俊生同志一起参加，她同意。就一起谈。她带给我和杨政委每人一瓶酒，说她爸爸（毛主席）让她到北京市委向老同志学习，拜访老同志；她说自己"述而不作，信而好古"（注2），来古文了，我说下面一句中的"老彭"是谁，考证不清楚，她说也不知道；她说自己的性格不信邪，强加的东西不接受，并说"吴叔叔，你把这把扇子送给我吧"，我说扇子已经旧了，她说没关系；杨政委说她很活跃，她说我有一个那样的母亲嘛！又说，私下我喊你吴叔叔，开会叫你吴副司令，我说随便。下楼吃饭时，很多干部已吃完饭了，她又讲鲁迅的一段话"横眉冷对千夫指，俯首甘为孺子牛"，很欣赏这段话，对大家说，我就是那个牛；

还围着汽车转了一圈，像牛推磨似的。她的秘书姓杨，说不要吃饭了，她也说不吃了，她来就是按主席要求拜访老同志，向老同志学习。李讷一直没去吴德那儿。

过了两天，吴德说李讷去看李德生、纪登奎，到那儿以后问李德生：你们是不是也是将军啊？感觉不太正常的样子；说了几句后就脱掉罩衣，里面是孙猴儿的衣服，就在那里做孙猴儿的动作，不知道这算什么拜访。吴德同志说，她在那里这样弄了一套，不是一种尊重的表现。李德生告诉总理李讷去看他，吴德告诉总理李讷去看了吴忠、杨俊生，总理在一次会上解释说，是主席让她去拜访老同志，向老同志学习。不明白总理为何要解释。

这时李讷还没有上班。有一次她带杨秘书到市委门口，看到市委、市革委会的牌子，骂"修正主义""反革命"。据门口说，也骂江青，骂完了就走了。后来开会她来，看来还正常啊！但很多表现精神不正常。

我是1968年5月13号到北京，突出印象是到处大标语"炮轰聂荣臻"，落款"李敏"（注3）。我问警卫一师李敏是谁？他们说就是毛主席的大女儿；多大了？三十多岁；我说是不是在延安贺子珍（注4）生的娇娇？他们说就是她；我问，她现在在哪？回答说在七机部或国防科委。

我知道，聂帅分工管国防科委，你毛主席的女儿炮轰聂荣臻干什么？给人们什么印象？好像是毛主席叫你炮轰？毛主席要炮轰会指示女儿去炮轰？这个人给我的印象不好，这件事做得不对。江青仗势欺人，在大会上说谭震林是大叛徒，我很反感；李敏炮轰聂荣臻，我也很反感。这是给毛主席脸上抹黑，也是仗势欺人。毛主席不可能指使女儿去炮轰。

有一次民族宫音乐晚会，有刘诗昆（注5）的钢琴独奏节目，我参加了，碰到孔从周（注6）同志，我们关系好，他把儿子孔令华（注7）和李敏叫过来介绍，孔令华还客气，李敏爱理不理的样子，给我的印象不好。后来杨勇同志去世，遗体告别时孔从周去了，孔令华也去了，我问孔从周同志李敏情况怎样？他说，李敏现在交党费都没人收。说明国防科委、七机部对她的问题看得很重。她可能是916派的，与舒龙山（注8）是一派，毛主席批示舒是左派，恐怕李敏是起了作用的。

李敏炮轰聂荣臻，孔从周把李敏介绍给我时她摆架子，给我的印象很不好。

毛主席病重、病危时，据了解李讷没去看过；毛主席逝世后，守灵她也没去，我们都参加守灵了，江青也守灵了，女儿为什么不去？抓四人帮的当天晚上，政治局同志到玉泉山，我问吴德，李讷到哪去了？吴德说就在玉泉山住，每天在这儿玩，没事。江青被抓起来了，李讷也没有表现出痛苦。我想这不是正常人的情况，可能是病态。毛主席的追悼会也没参加，按道理是反常的；江青抓了，也没什么反应，我看是病态。

二、四人帮和谢静宜

江青给我的印象。文化大革命中在一个十万人大会上讲，谭震林是个大叛徒，我在锦州四十军当军长，听了很反感，谭是不是叛徒，你有什么资格来宣布？要中央决定，中央宣布，你算老几？谭震林是老资格，井冈山时期地位很高，江青这样狂妄，我和刘振华（按：当时的四十军政委）对她很不满意，认为她仗势欺人，刘振华还说，毛主席把老婆弄出来干啥呀？这对主席的威信多不好！

江青目中无人，说来可笑。有天晚上在人大会堂开会，吃夜餐，华国锋是山西人，爱喝面条，他喝面条声音太大，江青听到了就转到华国锋身边说，你吃饭声音这样大，怎么接见外宾呢？这时华国锋是主持中央工作的，即使吃饭声音不雅，也不能像大人训斥小孩那样霸道。

四人帮都狂妄。姚文元给江青证明傅崇碧带枪冲中央文革，说后面车上还有机关枪，怎么证明？手枪是从傅崇碧铁柜子里找出来的。

张春桥，清明节晚上十二点看表，说清明节已过，可以收花圈，推翻了政治局六号收花圈的决定，一方面是张春桥狂妄，另一方面政治局的老同志太软弱了。

连下面的小家伙也不像话，上海的那几个人有个叫王秀珍（注9）的辽宁人，胖乎乎的，长得也难看，毛病很大，九大开会时毛主席出席好几次，她在主席台上，毛主席走后一散会，她马上下去把毛主席喝过的茶杯拿走，动作比谁都快，好像她对毛主席的感情比谁都深厚，一看就是假的，做作。京西宾馆开会吃饭时，她一见到肥肉就害怕，说怕吃胖了，我说不吃肥肉也照样可以胖，猪那样胖谁给它吃肥肉？她说"也是"。实际上我是挖苦她像猪一样胖，旁边有人听出来了，光笑不说话。

谢静宜（注10），原在中南海搞机要工作，觉得自己不得了，后来成了中央委员、北京市委书记，团中央筹备组组长，狂得不得了。批邓时特别狂。抓了谢静宜后，查她的笔记本中有一段话：今天和吴忠进行了一场激烈辩论。我想起来，是吴德主持召开一次书记会，学习毛主席关于资产阶级就在共产党内的指示，人到的不是特别全，丁国钰同志发言说，谁的级别、职务高，谁的资产阶级法权就多；我不赞成他的说法，半开玩笑地让他谨慎一点，工人农民没有职务就没有资产阶级法权？谢静宜说，资产阶级就在共产党内，看执行什么路线，好像她很有把握，理解多深刻，我们都不理解。党内冒出个资产阶级，党的性质不就变了？资产阶级在党内的代理人好理解，怎么资产阶级在党内？我接着发言，说历来划成分、划阶级不是按政治态度，而是按经济地位和剥削关系来确定，有的工人、贫下中农十分反动，坏透了，你能划他是资产阶级、地主吗？有的资本家、地主表现很好，改造很好，能划成工人、贫下中农吗？都不能。谢静宜的脸唰地就红了，她是按政治态度划成分的。她在本子上所谓激烈的辩论，应该就是指这次，其实是被我奚落了一顿。

批邓还未公开时，谢静宜就和团市委的几个年轻人，背着市委批邓。有一次，我在市委的办公室里，杨俊生同志打电话，说谢静宜要借卫成区礼堂开批邓会；我说不行，这样会把卫成区的思想搞乱，不借给她；杨俊生同志有顾虑，说机关礼堂不借，可否借西单招待所礼堂？我说也不行，并请杨俊生同志通知各下属单位一律不借，这时中央还没有批邓，她是点火的，文化大革命中卫成区也没有开展四大，不能让她来；杨俊生同志同意了我的意见，让政治部通知各下属单位一律不把礼堂借给地方开批判会。

点名批邓后，市委常委开会，吴德装病请假，我和杨政委不参加，会很冷清，谢静宜动员我们参加，希望我们捧场，我说卫成区事情多，没时间。

三、李洪枢案件

1974年1月发生了李洪枢（注11）案件，这是总理直接掌握的，知情范围很小。我开始不知道，是后来知道的。

李洪枢这个人，记得是吉林人（按：实为黑龙江省人，吉林大学毕业），很聪明，懂俄语；对我国的社会主义不满意，很仇视，什么原因不太清楚。后来跑到苏联的什么亲戚那儿，怎么跑的也不清楚。他到苏联后进了间谍学校，接受克格勃训练，据他讲训练相当严格。训练后，被派遣到国内来，回国路线是经过新疆进来的。

他回来后到北京、河南、西安，好多省份都去过，搞了很多情报，和苏联大使馆联系，电台在里面。我们破获了（怎么破的，我没管）；抓起来后李洪枢交待，说了些假情况。我们是群众路线，经过调查后知道了真实情况；李洪枢第二次交待时说了些真话，苏联大使馆送他钱、送他电台、手枪，联络信号也说了，他向苏联要钱、要枪和电台，苏联间谍答应给他，在东坝桥（按：记忆有误，应为西坝河桥）上边一颗松树下面，埋在那里，通知他去取。我们后来去取，果然有这些东西，证明李洪枢说的是真话。

抓了李洪枢后，因看守不严，跑了，过两天才抓回来，通缉令、照片发了万把张，担心可能暴露了；此外，他虽然也说了些真话，但还是没有完全投降，跑了一回就更不行了，罪上加罪。这时他又说了些真话。我们让他给大使馆写信，通过天津的一个白俄联系，把信邮到大使馆。李洪枢在信上已经报警了，信角上写了毛主席的生日，年月日；间谍的规定，发现这个东西就是落到共产党手里了。他写好信要我们发，问发了没有，我们公安人员很聪明，反问他：你说呢？他心里没底了，信发了就报警了，没发，报警就不起作用。实际上我们没有发现（报警信号），苏联使馆负责间谍活动的官员也没有发现。这时总理决定，这个案子不能再管理了，看样子可能暴露了，要赶快解决。

以后又让李洪枢发信号到东坝桥下接头，说电台坏了，要送电台、送钱。李洪枢到当时城墙沟（现二环路）边上给苏联使馆发信号，使馆把窗户打开，联系上了，发了电报，苏联使馆回了电报，约定时间在东坝桥下交电台、交钱。考虑利用这个机会人赃俱获，一网打尽算了，案子不要再继续下去了。

究竟是真是假？总理给我交代了任务，要抓苏联间谍，要李洪枢去送情报、取电台、取钱。我看过地形后，搞了两个炮兵连，打照明弹的，便于他们逃跑时追。公安干警埋伏在东坝桥附近的一个独立小房子里，安排了录像、摄影、录音等。给总理汇报了部署，总理说可以，就是埋伏的人太多，人多容易暴露；我感到总理的意见有道理，就说减少埋伏人数，加大预备队人数，总人数不减少，总理同意了。

我和刘传新（注 12）在东坝桥东北角一个小工厂里，前边的人趴在坟头上，离东坝桥很近。监视的人在苏联使馆旁的公社大楼，比使馆高，监视使馆的活动。第一个报告说，使馆里有一辆车，一个人站在车旁，手里一个沉甸甸的包，看来比较重；一会儿说，人上车了，车开出来了，前面坐一人，后面坐两人，是三个人，有一个女的。第二个报告仍是三个人；第三个报告还是三个人。过了朝阳门桥，最后一道监视哨报告有四个人，我们断定是这辆车，（第四个人）他趴到里面去了。

一会儿车过来了，远处开着灯，到跟前没灯了，滑行到东坝桥旁靠近了，下来两个人，趴在坟包上，在南边，我们的公安人员就趴在坟包北面，差点碰上了。（这两个人）运动过去就下到桥底下，提着包；我们让李洪枢出去了。苏联两个间谍在桥下，李洪枢在桥上，间谍发出信号，李洪枢答对了，就下去了。估计正交接时，我们突然打出照明弹，埋伏的人冲出来拿着棍棒；两个苏联人说是使馆的，我们不管，连李洪枢一起抓了，照相、录像，做了些技术处理也用上了。我们工作不细，没考虑到有关资料要和外国人见面，棍棍棒棒怎么拿出来？他一个口罩扔到河里了，里面装着文件，我们也找到了，电台、钱都有，人赃俱获。

报告总理，总理很高兴，说这是一大胜利，要表扬公安人员。我们盯梢，走到哪里转到哪里，他们绕很多圈子，想甩掉盯梢的；公安人员很精明，哪辆是真的，哪辆是假的，掩护的，都很清楚。这辆三个人变四个人（按：实际是五个人）是真的，那辆去新侨饭店的是掩护的，又去了北新桥，也扣住，后来放了。

抓住的这两个人，是苏联使馆的三秘或者二秘，少校、中校一类（按：是使馆的三秘谢苗诺夫和武官处翻译柯诺索夫，一秘马尔琴科等三人留在车上），驱逐出境（注13）。这次总理比较满意，人赃俱获。

为了取得信任，有意给李洪枢提供过好多次情报，例如杨勇调新疆等等。最险的是李洪枢报警了。他后来不能回苏联了，才说了实话：报了警，但苏联使馆未发现。我们优待李洪枢，按大学生待遇定了二十二级，安排了工作。

苏联谍报训练很有本事，把一个人训练得死心塌地。李洪枢跑了一次，报警一次，报警是他自己说的。他立了功，将功折罪，所以优待他。他开始没说真话，我们调查证明他说的是假的，才说了一些真话；跑了一次抓回来，是罪上加罪，害怕枪毙他，基本上缴械了，说了真话；为了取得信任，送了些假情报，这些假情报拟制好后经过总理批准发出去，果然取得苏联使馆的信任，认为李洪枢间谍活动很有成效。

案件管理得不错，中间曲折很多。我们看暴露的可能性很大，那么多照片发出去，很侥幸，苏联人没发现，看来他们搞情报工作是教条主义东西比较多，不是那么机动灵活。案件的经营管理不是我。

四、《应急方案》

1980年或1981年，中纪委来四个同志，像是要了解华国锋的问题，找我核实材料。主要是1976年的《应急方案》问题。

四人开始摆出阵势，说应急方案问题在北京找了杨俊生政委、李刚（注14）副司令和卫戍区机关的同志座谈过，后来又到大连找杨俊生政委谈了一次，现在要听我的看法。

首先问我，应急方案是不是一个重大问题？我说当然是重大问题。问：既然是重大问题，卫戍区常委开会讨论过没有？我说没讨论过。问：为什么？我说，6月27号我在北戴河，杨俊生同志在市委，吴德、倪志福同志交代了一个任务，说毛主席病重，是在毛主席病床前布置的，怕病危消息传出后会发生骚乱，因此要搞个方案应付可能发生的事变，这是杨俊生同志接受的任务。杨俊生同志召集三家（公安局、工人民兵、卫戍区）拟制方案，显然是代市委拟制方案，并不是卫戍区向中央报方案，而是北京市委上报。杨俊生打电话要我回来，并未说内容；我估计可能是毛主席病重。我于28号早晨回到北京，上午杨俊生同志叙述了接受任务的过程，三家再次一起开会讨论方案如何拟制。因为是代市委拟制向中央报的方案，卫戍区常委不开会是对的，如果开会作出决定是不对的；卫戍区常委作出决定，让北京市公安局执行，让工人民兵总指挥部执行，这样妥当吗？当然不行。杨俊生和我是分管政法的书记，召集三家一起研究、协商、制定方案，这样做是对的。这时，四人便停止了询问。

接着，四人问，方案中提到三种情况：相当于天安门事件的情况，大于、小于天安门事件的情况，是怎么设想的。我说是我的发言，天安门事件过去并不久，是用来做个比喻；方案不是现实的东西，是设想情况，搞想定、假定。研究、讨论的结果，按照这三种设想来拟制方案，就不能说是我吴忠的发言了，是三家的共同意见了，就不姓吴了。就算是我讲的，有什么问题？

杨勇副总长和他老婆给我一位熟悉的战友讲，说这个应急方案是个屠杀方案！毛主席病重，中央几个领导在主席病床前商量、布置这项工作，怎么成了屠杀方案？毛主席病重的消息传出，发生骚乱，要动武呢？就是大于天安门事件了，这怎么成了屠杀方案？

看来，他们找杨俊生、李刚谈话，开座谈会，都没有说清楚，说清楚了就用不着到广州来找我。说不清楚就认为你在搞鬼，吞吞吐吐。我说清楚了，从此后再不找了。

他们往坏的方面想得多，就没想到不开常委会可能是对的；只想一面，另一面想不到，不能搞研究工作。什么时候开常委会正确？如果拟制的方案市委通过了，上报中央也批准了，三家分别落实的时候，卫戍区做卫戍区范围的方案时，开常委会就正确了。公安局开公安局的常委会，民兵总指挥部开民兵总指挥部的常委会。我对这四个人建议，搞调查研究一定要实事求是，不能搞片面调查，我们的教训够惨痛的了，文化大革命搞的冤假错案难道没搞调查？肯定也搞了内查外调，而且不是一次，国家花了一笔巨款，到头来是冤假错案，为什么？就是片面调查，不实事求是。我说，沈阳军区刘德才（注15）的问题处理过重了，降级、留党察看，他只是修了个宾馆（渤海饭店）；不能搞楼堂馆所，现在楼堂馆所不是比他搞的多！这个人不谋私利，打仗勇敢，工作积极，家里是穷光蛋，什么都没有。1970年我去旅大参观他的人防工事，他把山都打空了，汽车在山洞里面钻来钻去。对他处分过分了。我过去敢说话，文化大革命还敢说话，现在更敢说话，两条：第一条打倒四人帮了，第二条我都六十多岁了，有啥不敢说的？一天天接近死亡了，死了不打也倒了。我为刘德才说了不平的话。后来刘德才的大军区副司令员恢复了，级别也恢复了，没事了。

有理要说得清才行，说不清就问题很大，马列主义、唯物辩证法就是让你有理说得清。

五、刘传新告了我三状

谢静宜来市委后,和刘传新搞在一起,我们看出刘传新要往四人帮靠;吴德也担心,说刘传新不会站在谢静宜一边反对市委吧?批邓时刘传新告了我三状,第一说吴忠是邓小平线上的人,理由是,有一次邓小平同志要陈锡联同志给我打电话,要我加强保卫工作。1975年5月10号,毛主席给政治局同志讲话,点名批判四人帮,此后陈锡联给我打的电话,陈说小平同志让我给你打电话,中央的斗争你是清楚的;我说知道,在政治局范围内批判四人帮;陈说,要你加强保卫工作;我说好。之后我个别布置,找刘传新谈了邓让陈锡联打电话的情况,要刘做好准备、加强保卫工作,还对刘传新谈了政治局开会批判四人帮,毛主席说江青是小小的经验主义;并对刘传新说,打砸抢的造反派头头,清理阶级队伍时整了他一下,清理五一六又整了他一下,从领导岗位上拿下去,这些人是不满意的,要知道四人帮受批判,和四人帮勾结起来,什么事都干得出来,我们的安全保卫工作不能老考虑地富反坏右,还要把这种情况考虑进去,文化大革命被搞下去的打砸抢头头,四人帮是支持他的,一旦听说四人帮受批判,什么事都干得出来,可能搞暗杀,这对我们的保卫工作、安全警卫工作是个威胁。当时不知道刘传新往四人帮靠。后来有一天刘传新和倪志福讲要揭北京市委的盖子,从吴忠开刀。第二状说吴忠反对学上海。第三状说吴忠对首都工人民兵不支持,而且不止是吴忠,卫戍区领导对工人民兵都不支持。

这三状都有根据。说我反对学上海也有根据。有一次石景山民兵抓获一个劫车犯,劫车犯跑到西山的山上去了,石景山民兵包围了这个山,把劫车犯抓住了。吴德同志知道后说很好,是否去慰问一下,刘传新你们一起去。我和刘传新以及民兵总指挥马小六就去石景山慰问民兵,开了个会表彰,马小六、刘传新强调学上海,我没讲话;回来的路上我让刘传新坐我的车上,因有司机说话不便,我在烟盒纸上写了：学上海的提法要谨慎，今后不要再这样提了；他看了点头。说我对首都民兵不支持的根据是，北京开了民兵工作会议学上海，规模很大，市委一二三把手都到会，倪志福讲话；在常委讨论他的讲话稿时我有意回避了，讲话稿提出一个班子，一个牌子，一个党委，我不同意所以不参加这个常委会，因为我不能发言赞成，如果发言不赞成，马上就捅到四人帮那儿去了。吴德没参加常委会，他（按指倪志福）说吴德支持他的意见。会后我到吴德办公室，我说毛主席关于改造民兵的指示我拥护，至于一个班子、一个牌子的搞法是否体现毛主席的指示精神，我没把握，这涉及到体制问题，卫戍区不抓民兵工作，有的是工作可做，你省军区、军分区、县武装部不搞民兵工作还抓什么？北京要这样搞，全国都这样搞还得了？没有毛主席、党中央的指示，没有党中央的决定，我们怎能取消人家武装部？省军区、军分区取消了，行吗？吴德说怎么办？我说向中央写报告呀，毛主席、党中央怎么批就怎么执行。直到粉碎四人帮，这个报告也没写好，纪要也没发。倪志福讲了话又没发纪要，倪志福也有意见。我向倪志福同志作了解释，说学上海温度不能太高，民兵不能学；上海是一派组织打垮了对立派，摇身一变武装起来成了民兵，权力大得很，可以抓人，可以审讯，全国没有第二个地方；群众组织不解散就变成民兵，这个派性不得了，我们怎么学？倪志福听进去了。这是刘传新说我不支持首都民兵的重大根据。

刘传新告我三状，是在粉碎四人帮后搞刘传新问题，吴德要我、丁国钰、贾玎（音）三个人找刘传新谈话时，丁国钰指出他告了吴忠三状，我才知道的。刘传新交代的材料中也写了。这三状是和倪志福谈的，说市委要揭盖子，要从吴忠开刀；倪志福告诉了吴德，吴德告诉了丁国钰。当然他们没有从我开刀，但他们三人向来没有同我通过气，我很不满意，事先通气我好有个准备啊！

刘传新后来就听谢静宜的了，谢给他打电话布置江青的路线警卫，把我们都甩开了。刘传新向倪志福告我三状，难道他就不向谢静宜讲？打得火热，倒过去了嘛，给谢静宜讲了，就到不了江青那里？

很快就会到江青那里，表功了。我看这三状是先告到四人帮，四人帮让他告到市委，从我这儿揭盖子。吴德没有揭。

六、李震案件（注16）

案件发生在1973年10月21日。这是一个很大的案件，建国以来没有过，一个公安部长死因不明。周总理很重视，毛主席也很重视。

开始认为他杀的可能性大，案件侦破围绕他杀进行。破案组开始是总理直接管的，成员有组织部长、卫生部长、调查部长、中办副主任、公安部党组书记、总政副主任等；后来在紫光阁开会，总理要我牵头当组长，我说我不懂专业，事情又多，不适合当组长，叫罗青长（注17）他们搞吧，总理说还是你搞吧。

个把礼拜后，我向总理汇报侦破情况，华国锋同志在场，我说他杀的线索未发现，自杀的疑点较多。当总理不在场时，华国锋同志说，吴忠同志，你得想深一点啊！我理解他的意思，总理、主席认为他杀可能性大，我要多往这方面想。可是他杀要有证据啊！要尊重客观事实。后来总理事务多，就让华国锋同志抓，华国锋向总理汇报时我们也参加。从73年到77年抓了四人帮后才结案，好几年。

把于桑（注18）抓起来的原因，是发现李震尸体的位置在暖气管道沟中，发现后下去好多人，把现场踩得乱七八糟。总理说你于桑搞公安工作这么多年，怎么不懂得保护现场呢？因此对于桑产生怀疑，他们是公安部的两派，矛盾较大。刘复之（注19）怎么抓起来的，我也不懂得，可能是他海外关系多的原因，我不知道。抓于桑、刘复之，政治局开了会，要杨德中把他们抓起来交给卫成区。卫成区主管的是曾绍东同志。这天政治局休会，找我去了，吴德也在，总理说政治局决定于桑、刘复之、北京市公安局副局长程诚要保护审查，我对吴德同志说，程诚与案件毫无关系，审查什么？吴德说政治局已经决定了，是执行。于桑是中央委员，抓他要主席批准，主席回电话同意政治局的决定，总理要我通知于桑、刘复之来人大会堂，并说万一他发现了,车掉头就往苏联大使馆跑怎么办?要有措施;我作了安排。可想而知毛主席周总理对这一案件的想象,看得很大。可见于桑、刘复之被抓不是我吴忠告的状,我根本不知道。

继续侦查,自杀的线索越来越多、越具体,他杀的线索一条也找不到。若被人勒死后再挂上,绳索印子不能重合;若被毒死后再挂上,皮下不会出血。现场有几片安眠药,解剖发现胃中果然有,还没有完全化掉;医生分析,安眠药还不到窒息的程度他就上吊了。查卫生所,他确实要过一瓶安眠药速可眠。别人强行让他服安眠药不可能,而且现场也是李震的脚印。分析李震决心要死,服用安眠药后怕被发现抢救,又上吊;头天晚上死的,第二天上午九、十点钟才找到尸体。

最终结案,他杀的线索一条也没有,自杀的证据非常具体、非常充分。绳索是办公室窗帘上剪下来的,剪刀上的纤维化验结果和窗帘挂绳一致。他杀应有两个现场,但没有第二现场。所以破案组的结论是自杀。粉碎四人帮后,1977年一、二月份向中央写了一个报告,有结论、有证据;自杀原因未弄清,建议破案组撤销,卷宗存档,由中办处理。华国锋批示同意破案组的报告。此后不久我就调到广州了。

为什么抓程诚?周总理有考虑,怀疑程诚与李洪枢案件有关。李洪枢案件结案后,证明于桑、刘复之、程诚任何关系都没有,才把他们放出来,于桑先放的。我和程诚谈的话,总理指示,你与李洪枢案任何关系也没有。

李震为什么自杀?我到现在不清楚,也许中央清楚。李震和我关系不错,自杀前不久和我谈过,我个人看法,他说实在不愿意当公安部长了,可提给谁听啊?给总理提,弄不好总理会误解:你嫌官小还是怎么?没办法提。我也给李震说,我实在不愿意当卫戍区司令了,也不好提;北京卫戍区,又搞政法,太累,太复杂,太伤脑筋。从李震流露的想法,我个人看有两个原因,公安部长对中央的情况知道比较多,太为难了!李震这个人非常爱面子,历来一帆风顺,他不是想往上爬,开会都是往后缩,过去人们对他印象很好,很聪明,有才华,抗美援朝是十二军政治委员。他自杀是难死了，太为难了！另外，某种意义上对我们党失望了，有看法。

有人提到男女关系问题，李震从来没有这方面的问题。确有公安部的破女人，是于桑一派的，把李震说的卑鄙得很，乱搞，我们一了解不是事实，李震也不会因为这就自杀。李震对自己、对子女要求都很严格，家里破破烂烂没有什么东西。

总理在我反映案件侦破情况的报告上批了一小段话，要将几个人逮捕、拘留、传讯，一个是公安部的刘坚夫（注20）同志，当时是局长，粉碎四人帮、刘传新死后担任北京市公安局长；再一个是五号楼的三个转业战士，李震家人说有电话让李震去五号楼开会，这三个小家伙住在五号楼，怎么一点动静也听不到？总理批示中还有好几个公安部的局级、处级干部。可是我给总理的报告中毫不涉及这方面的内容，也没提出这方面的建议，总理为什么这样批示？我建议不要采取这样的专政措施，谈话了解情况就可以了，专政措施伤人；总理就改了，一律改成谈话。这个批件存档，公安部也有，可以看里面都有谁的名字，他们是否被拘留、逮捕、传讯，一个也没有，都改成谈话了，他们本人未必知道。这说明总理对公安部长死因不明非常重视，采取断然措施多；也说明总理很民主，只要觉得有理，愿意采纳下面的意见。

注1：李讷，生于1940年，毛泽东和江青的女儿。1965年大学毕业；"文革"中在《解放军报》造反，曾任报社总编领导小组组长，后任中共北京市平谷县委书记、北京市委书记；"文革"后未担任领导职务。

注2：引自《论语.述而》，原句为"述而不作，信而好古，窃比于我老彭"。"老彭"，一说指李耳（老子）和彭祖，一说仅指彭祖。

注3：李敏，生于1936年12月，毛泽东和贺子珍的女儿，小名"娇娇"。大学毕业后在国防科委工作，"文革"中曾造反、反对聂荣臻，

后调解放军总政治部工作。

注4：贺子珍(1909.9—1984.4)，毛泽东第二任妻子；1937年因夫妻矛盾，负气赴苏联，1948年回国。新中国建立后，曾任杭州市妇联副主任等职。

注5：刘诗昆，生于1939年，享誉中外的著名钢琴家。十岁即获全中国少年儿童钢琴比赛冠军；十九岁时获世界顶级"第一届柴可夫斯基国际钢琴比赛"亚军，其后他的演奏足迹遍及世界上数十个国家，蜚声世界乐坛；曾与叶剑英元帅的女儿叶向真有过五年婚姻。

注6：孔从周(1906.10—1991.6)，原为杨虎城将军部下，参与西安事变；1946年任国民党军中将副军长时率部起义。新中国建立后，历任西南军区炮兵司令员、西南军区军械部部长，高级炮兵学校校长，炮兵工程技术学院院长，解放军炮兵副司令员等职；1955年被授予中将军衔。

注7：孔令华(1935—1999.12)，孔从周之子，娶毛泽东女儿李敏为妻；遇车祸后手术时去世。

注8：舒龙山，生于1935年。曾为第七机械工业部230厂工人，"文革"中任该厂革委会副主任，后任中共第七机械工业部党的核心小组成员；"文革"后1983年，被判处有期徒刑15年。

注9：王秀珍，生于1935年。原为辽阳市先进生产者、辽宁省劳动模范、东北地区劳动模范；在上海纺织工业学校毕业后被分配到上海国棉三十厂工作，"文革"中成为厂文革主任；后任上海市革委会副主任，中共上海市委书记等职；是中共九届、十届中央委员。1977年1月离职受审查，1982年8月被判处有期徒刑17年。

注10：谢静宜，生于1935年，详见"粉碎四人帮"注13。

注11：李洪枢案件。李洪枢，1942年出生，吉林大学化学系毕业生。1967年4月偷渡到前苏联，被送入间谍学校进行训练后，1972年被派回中国从事间谍活动，中国有关部门将其秘密逮捕；在李洪枢的配合下，1974年1月15日当场抓获与李洪枢接头的前苏联驻华使馆人员，缴获一台小型电台、设置天线示意图、电台联络频率时间表、密写的指

示信以及密写显影药、伪造的空白边境通行证、活动经费人民币五千元等证据。

注12：刘传新，详见"天安门事件"注30，时任北京市公安局长。但据时任公安部革委会副主任施义之回忆，是"我（即施义之）和吴忠在西坝河东头的小木工房内指挥"（载《炎黄春秋》2013年第11期），而不是刘传新，吴忠回忆可能有误。

注13：李洪枢案件中，抓获从事间谍活动的前苏联驻华使馆人员共五人：大使馆一等秘书维·伊·马尔琴柯夫妇，三等秘书尤·阿·谢苗诺夫夫妇以及武官处翻译阿·阿·科洛索夫，中国政府宣布这五人为不受欢迎的人，立即驱逐出境。

注14：李刚，详见"九一三事件"注10。

注15：刘德才（1917—1986.9），新中国建立后历任中国人民志愿军师长，解放军师长，要塞区司令员，军长，旅大警备区司令员，沈阳军区副司令员等职；1964年晋升为少将军衔。

注16：李震案件。1973年10月21日，时任公安部革委会主任、公安部党的核心小组组长的李震突然身亡，震惊朝野。起初中共中央判断为他杀，破案组经过慎密的侦查取证，认定为自杀；1977年3月，宣布李震是"畏罪自杀"。

注17：罗青长（1918.9—2014.4），新中国建立后历任中共中央军委联络部局长、副部长，周恩来总理办公室副主任，国务院副秘书长，中共中央调查部副部长、部长等职；是中共十届、十一届、十二届中央委员。

注18：于桑，详见"粉碎四人帮"注16。

注19：刘复之（1917.3—2013.8），新中国建立后历任公安部办公厅副主任、主任，公安部副部长，文化部副部长，司法部部长，公安部部长，武警部队政委、第一政委，最高人民检察院检察长等职；是中共十二届中央委员。

（八）杂忆六则

注20：刘坚夫，生于1917年10月，新中国建立后历任广州市公安局副局长，鞍山市公安局局长、鞍山市副市长，北京市公安局局长，北京市副市长等职。

吴忠将军简介

吴忠（1921.10.21—1990.2.26），原名吴光珠，字宝山，四川省广元市人，出生于广元市苍溪县东溪镇小龙山。1933年参加中国工农红军。1935年入党，是中国共产党第九、十、十一届中央候补委员。

1933年春，吴忠在苍溪县木门镇参加红军。

1933年秋天，吴忠加入共产主义青年团。他将自己的名字由吴光珠正式改为吴忠。

1933年11月，吴忠任班长，不久，被提拔为红三十军第九十师二六八团二营四连的排长。

1934年9月，吴忠在黄木垭战斗中英勇杀敌，左腿负伤。以后在二六八团政治处任共青团干事。

1935年5月，吴忠加入中国共产党。

1935年6月，吴忠调三十军八十九师政治部任共青团书记。

1936年初，吴忠进入刘伯承为校长的红军大学学习。参加长征，经受了三过草地雪山的严峻考验。

1936年冬天他随"红大"到达陕北，之后继续在抗大学习。

1937年春，吴忠从抗大毕业，任八路军总部特务团排长、副连长，后调绥东游击大队任大队长。

1939年冬，吴忠调任八路军115师晋西独立支队第二团中队长、副营长，该师教导三旅八团副营长、营长。

1942年8月，吴忠直接指挥的景阳冈战斗，采用"谷子战术"，在18分钟内全歼日军小队38人、并击垮伪军两个连，成为冀鲁豫军区部队的模范战例，他所带领的部队也被称作"谷子部队"，事迹传遍梁山一带。

1942年11月底，吴忠任昆山张秋地区游击支队支队长。

1944年10月，吴忠前往分局党校参加整风学习，

1945年5月，整风结束，吴忠被调往冀鲁豫军区第八分区第五团任副团长、团长。

1945年9月，任晋冀鲁豫军区第7纵队20旅58团团长。

1946年10月的章缝集战斗使吴忠一战扬名，受到野司刘邓首长的通令嘉奖，成了闻名全军的英雄团长。晋冀鲁豫中央局机关报《人民日报》也在头版发表了题为《龙凤之战的英雄团》的报道，宣传吴忠率领五十八团与兄弟部队坚守章缝集的事迹。吴忠在战斗中负伤。

1946年11月，吴忠任7纵20旅59团团长。在1947年1月的巩堂战斗中再次受伤。

1947年4月，吴忠任1纵（即原7纵）20旅副旅长。

1947年9月，任20旅旅长。

1948年率部参加淮海战役。

1949年2月，任中国人民解放军第18军52师师长。其后，率部参加渡江战役，以及解放成都、贵阳、昌都等战役。

1950年12月，到南京军事学院学习。

1952年，吴忠被任命为中国人民志愿军第12军第31师师长。

1955年5月，中央军委决定组建中国人民解放军第一机械化师，吴忠为师长。

1955年9月，年仅33岁的吴忠被授予少将军衔，成为我军首批为数极少的以师长身份被授少将军衔的解放军军官。随后，吴忠又荣获三级八一勋章、二级独立自由勋章、二级解放勋章。

1960年5月，吴忠被任命为第40军副军长，3年后升为军长。

1968年5月，吴忠调任北京卫戍区第一副司令员。

1970年7月，任北京卫戍区司令员，后又担任北京市委书记、北京市革委会常委。

1971年9月，在林彪外逃事件发生后，吴忠受命采取紧急措施

保护首都和党中央安全。

1976年4月"天安门事件"，吴忠拒绝"劝阻"群众到天安门广场送悼念周总理的花圈，当中央命令清场时，吴忠斗胆擅自把政治局规定的清场时间推迟两个半小时，避免了流血惨案的发生。

1976年10月，吴忠和北京卫戍区领导坚决支持党中央粉碎"四人帮"，紧密配合控制要害部门，抓捕"四人帮"余党迟群、谢静宜、金祖敏。

1977年9月，奉调到广州军区，任副司令员。

1979年1月20日，中央军委下达命令免去吴忠广州军区副司令员职务。实际上已经开始了对吴忠的审查。

但这时对越自卫还击战即将发动，广州军区司令员许世友请示军委同意，暂不宣布此命令，吴忠继续参与作战指挥。

1979年2月，在对越自卫还击战中，吴忠指挥人民解放军第42军全部、43军、54军各一部和两个坦克团协同作战，以迅雷不及掩耳之势，连克高平等6城，严惩了越军，为捍卫我国主权和领土完整，贡献了力量。

凯旋归来后，吴忠接受了长达8年的审查。

当时，1976年的"天安门事件"已经平反，对吴忠的审查重点就是追究他指挥清场的"镇压"责任。好在，当年他指示卫戍区编写了天安门广场事件大事记，对事件的全过程作了详细记载，包括何时、何地、何人下达了何种指示，吴忠指挥部队如何执行、结果如何等。在他被审查时，这本大事记成了澄清事实的有力证据。

1987年6月18日，经中央军委批准，北京军区党委终于对吴忠做出最后的结论："经审查，吴忠同志1971年3月至1977年9月，在任北京卫戍区司令员、北京市委书记期间，没有参与林彪、四人帮篡党夺权的阴谋活动……吴忠同志在天安门事件中的错误，是执行问题。"

1987年，吴忠正式离休。离休后，仍为部队建设贡献余力。他积极搜集资料，撰写了《中原主帅刘伯承北渡淮河记》《谆谆教诲寓深情——关于刘帅一封重要信件的回忆》等文章,为党史、军史研究提供了重要史料。

1988年7月,获授一级红星功勋荣誉章。

1990年2月26日,吴忠因车祸不幸逝世,终年69岁。临终时还留下一份沾满血迹的手稿:《打开和平解放西藏大门的一战——昌都战役》。

www.ingramcontent.com/pod-product-compliance
Lightning Source LLC
Chambersburg PA
CBHW071822230426
43670CB00013B/2538